アクティブ・ラーニング時代の実践をひらく

「障害児の教授学」

障害児の教授学研究会 編

福村出版

[JCOPY] 〈出版者著作権管理機構 委託出版物〉

本書の無断複写は著作権法上での例外を除き禁じられています。複写され
る場合は，そのつど事前に，出版者著作権管理機構（電話 03-5244-5088，
FAX 03-5244-5089，e-mail: info@jcopy.or.jp）の許諾を得てください。

目　次

はじめに　～本書のロードマップ～ ………………………………………………… 7

　1.「障害児の教授学」が求められる時代　7

　2. 新しい学習指導要領と「教授学」との対話　8

　3. 本書の構成──ロードマップとして　9

第1章　「障害児の教授学」～出発・発展と授業づくりの魅力～ ───── 11

　1. 障害児の教授学──出発で大切にしたもの　12

　2. 障害児の教授学──発展で問われるもの　15

　3. 障害児の教授学──授業づくりの魅力　23

第2章　教授学を支える学校文化とカリキュラム ───────── 31

第1節　特別支援学級・学校という場の文化と授業づくり …………… 32

　1. 目の前の事実から　32

　2. 特別支援学級・学校という場の特質　33

　3. 特別支援学級・学校という場の文化をつくる, 発信する　38

第2節　カリキュラムづくりと教授・学習 …………………………… 45

　1. 教えたいことと学びたいことの「あいだ」を創り出す　45

　2. 教科の本質とカリキュラムづくり　46

　3. 子どもの学びの過程＝カリキュラムづくりと発達・生活　49

　4. 子どもの学びの過程＝カリキュラムを創り出す教師の指導性　52

　5. カリキュラムづくりを支える教師の指導力　55

第3節　教師の指導と応答的関係 ……………………………………… 58

　1. 学びの連続性を意識する　58

2．学びの連続性における誤解　59

3．「遊び」の間違った認識　59

4．遊びを評価する難しさ　61

5．遊びは指導するものか，援助するものか　62

6．授業における指導に遊びを取り入れる意義　63

7．遊びが学びになっていくためには　64

8．応答的関係とは何か　67

9．関係性，集団性が高まるプロセスとは　69

第3章　授業成立の教授学 —————————————— 73

第1節　子どもから始まる教授学を打ち立てる —————————— 74

1．子どもから始まる教授学という視点　74

2．就学前後の時期における子ども観　75

3．小学部から中学部にかけての子ども観　79

4．「子どもから始める」ことの意味　86

第2節　学ぶ楽しさのある集団学習 ————————————————— 88

1．集団学習が子どもの世界を広げる　88

2．教師と子どもの関係性を問い直す　90

3．知識の種を生きて働く力につなげるために（2つのカリキュラムを編む）　92

4．子どもの「差異」を生かした授業づくり——「強さ」を生かす学び　94

5．子どもの自立と授業づくり　98

第4章　授業構想の教授学 —————————————— 103

第1節　教材文化の教授学 ———————————————————— 104

1．学びの価値を突き詰めない傾向　104

2．生活をつくり，社会をひらく教材文化を追求する　106

3．学びがいのある授業を追求した障害児教育実践における教材づくり　108

4．教材づくりにおける「本物」を問う　110

5．深い学びを実現する教材づくりの展望　113

第2節　学びの展開の教授学 ………………………………………………… 117

1. 学びの展開について考える前提　117
2. 子どもの学びが展開するということ　118
3. 障害のある子どもの学びの展開と授業づくり　122
4. 学びに美を見る人生へ　128

第3節　学びの評価の教授学 ………………………………………………… 130

1. 教育目標の管理・評価──「目に見える」評価の強化　130
2. コンピテンシー（資質能力）と教育評価の動向　131
3. 障害児教育における学びの評価の特徴　132
4. 「できる」ことの再評価の視点と指導的評価活動　135
5. 障害児教育における学びの評価の展望　140

第4節　学習指導案の教授学 ………………………………………………… 144

1. 「ひな型」学習指導案から脱け出す　144
2. 視点をもって学習指導案を書く　145
3. 「個別性」と「偶然性」を許容できる学習指導案の立案　149
4. 子どもの学びをつなぐ授業づくりと学習指導案　151
5. 「共同的な学び」を創り出す学習指導案の立案　153

第5章　教授学を支える教師論 ──────────────── 157

第1節　授業研究を通した対話づくり ……………………………………… 158

1. 授業研究と校内研究　158
2. 授業中の子どもの写真を活用した授業研究会（振り返りと授業改善）　159
3. 子どもの姿から意味を省察し，解釈する力を鍛える事例研究会　164
4. 子どもを主体ととらえて，内面を感じ取る力を磨く　168

第2節　先人の授業実践記録との対話 ……………………………………… 170

1. 先人との対話の必要性　170
2. 学校づくり，地域づくり──保護者の要求，教育権を大切に　170
3. 教育課程づくり　172

4．学力の保障——生活と教育の結合　174

5．教科教育の実践と検証　176

6．先人の教育遺産が投げかけているもの　180

第3節　学校教師の世代間をつなぐ対話 ……………………………… 183

1．教員にとっての学校生活の変化——昔の学校の風景から　183

2．教員の年齢分布　183

3．年齢とそれぞれの時代背景を考える　185

4．さまざまな教員のタイプ——教員の差をどう考えるか　187

5．共同・協働する教職員集団をどうつくっていくか　189

6．教員をどのように育てているのか　192

7．それでも希望をなくさずにいこう　194

第6章　「障害児の教授学」の危機と未来への展望 ——— 197

1．障害児の教授学研究の視点　198

2．子どもの主体性と教師の主体性を問う　199

3．為すことを尽くして，なお子どもの心の声を聴く　200

4．子どもの存在をつくる教師を問う　203

5．「ことばを教える」を問う　205

6．基準（スタンダード化）・マニュアル化・スキル化・データベース化を問う　206

7．障害児の教授学の将来を問う　209

おわりに ……………………………………………………………… 212

はじめに
～本書のロードマップ～

1.「障害児の教授学」が求められる時代

　特別支援教育が法制化されてすでに10年が経過した。近年では，国際的な潮流もあり，日本においてもインクルーシブ教育を推進することが求められるようになり，そうした流れをふまえて学習指導要領が改訂された。

　このように，21世紀に入ってから日本の特別支援教育は「教育改革」がずっと継続しているような状況にある。この間，団塊世代の大量退職の時期とも重なり，教育現場では急激な世代交代が起こり，指針を示す人が少なくなった。そのせいか，何が大切なことなのか，どこに向かって進んでいけばよいのか，わからなくなっている雰囲気も感じられる。

　本来，教育の今後の方向性や指針を論じ，明確化していくべき学会でも，「流行り言葉」を取り上げて議論しているだけのような風潮もあり，深く実践論が語られているようには思われない。こうした昨今の状況を鑑みて，いつの時代においても教師が実践するうえで，拠り所となる理論をもう一度，明確にしていくことが必要なのではないかという思いを強くもつようになった。

　もともと，教育実践というものは，実際の現場があり，具体的な指導が展開される営みであるので，最終的には教師が教室で「できること」＝「技術」として落とし込んでいかなければならないものである。しかし，確かな「技術」には長い時間をかけて熟成された確かな理論が存在するものである。こうした理論に裏打ちされた技術（実践）は，「ただやっているだけ」のものとは異なり，職人が作り上げた品物のように手の込んだ，深い味わいのあるものとして具現化する。

　以上のような，哲学的な教育技術を「教授学」と呼ぶのであれば，今こそ，いつの時代にも見失ってほしくない「教授学」を体系的に整理した書籍をつくることが求められている時代なのではないか。すべての教師がいつもこうした実践をしてみたいと理想的にイメージしている「北極星」のような地点を示し

ながら,『障害児の教授学』を書き記すことはできないだろうか。本書はこのような編者らの思いから企画が進み,編集されたものである。

2. 新しい学習指導要領と「教授学」との対話

ただし,「教授学」を学べばいつでも普遍的に同様の実践が展開できるというものではない。「北極星」と表現したのは,「最高地点」という意味でもあるが,あわせて「目指す方向」という意味でもある。

つまり,そこにたどり着くまでに,さまざまな制約や条件がふりかかってきて,日々,創造している授業がさまざまに変化せざるをえないのも「教育実践」の特徴であろう。たとえば,新しい学習指導要領がその時代を反映して改訂されたのだとしたら,「実践」の形も学習指導要領をふまえて多少,変化せざるをえないところはあるだろう。

もちろん,それは「新しい学習指導要領が出されたから,授業をこのように変えました」というような主体性のない授業改善ではなく,「これまで理想的な授業を思い描いてきたけれども,今の時代をとらえるとこのように授業を改善することが必要なのではないか」というような授業の創造であるべきだろう。具体的には,新学習指導要領で求められているアクティブ・ラーニングは従来の特別支援教育の実践と何が違うのだろうか。本書では特別支援教育の実践に欠かすことのできない教授学理論を多く紹介しながら,新しい実践の形を模索している。こうした中からアクティブ・ラーニング時代の実践を切り拓くことへつなげていければと考えている。

これは,「教授学」と「時代」との対話でもある。教師はいつでも「理想的な実践」と「時代の制約や要請」との間を往復し,不安を抱きながらも授業を創造し続けなければならない存在である。本書においても,こうした時代と対話することの重要性を意識して,「教授学」の理論を論じる際に新しい学習指導要領の改訂を十分にふまえて執筆するようにした。

3. 本書の構成——ロードマップとして

　本書は，障害児の授業を支える理論（教授学）を体系的に論じながら，新しい学習指導要領をふまえて豊かな教育実践を創造するための視点を書き記すことを目的とした。

　具体的には，第1章において，これまでの障害児の授業づくりの発展を「教授学」の視点から総括的に論じたうえで，その到達点と現代的課題について論じた。そして，第2章では，「学校文化」「カリキュラム」「教師の指導性」といった「教授学」を形づくっているいくつかの側面から，現代的課題を深く掘り下げ，今後の方向性を論じた。

　そのうえで，第3章と第4章では，具体的な授業実践を「教授学」の視点から見つめる論考を用意した。

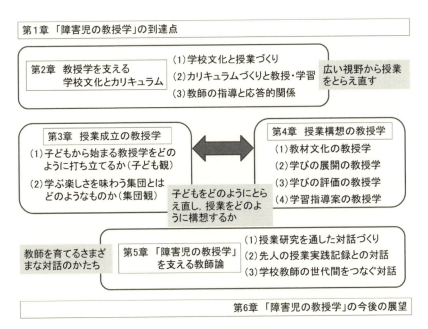

図0-1　本書の構成

このうち，第3章は実践家に執筆を依頼し，教育現場の目線から「子どもから始まる教授学をどのように打ち立てるか（子ども観）」「学ぶ楽しさを味わう集団とはどのようなものか（集団観）」について，具体的かつ実践的に論じてもらった。

　そのうえで，第4章では，授業を構想する際に欠くことのできない教授学的視点（教材文化・子どもの学びの展開過程・学びの評価・学習指導案）を取り上げ，授業づくりの理論と実践課題について論じた。

　さらに第5章では，それまで論じてきた「教授学」的視点に基づく実践を可能にする教師の力量形成について論じている。ここでは，「教師はさまざまな対話の中で育つ」ということを基本に置き，「研究授業を通した対話づくり」「先人の授業実践記録との対話」「学校教師の世代間をつなぐ対話」という3つの視点から論じることにした。

　そして，最後に第6章では，それまでの章で論じてきた内容をふまえ，これからの「障害児の教授学」の展望を述べた。

　以上のように，本書は「障害児の教授学」を体系的に書き記している。しかし，それは必ずしも，最初の章から隈なく読まなければ理解できないというものではない。今，授業づくりにおいて壁になっているところから読み進め，そこから湧き上がってきた疑問にこたえている章へと飛んで，結果として全体を読んだというような読み方でも「障害児の教授学」の体系を十分に理解できると考える。

　これは，体系化された理論というものは，根底でつながっているものがあり，それをとらえながら読み進めれば，教授学は理解できるという意味である。本書を手に取ってくれた読者が本書を読み進め，新しい教育実践の視点を見つけ出し，子どもたちと楽しくも深い学びができる授業を一つでも多く創造することを期待したい。

編者を代表して　　新井英靖

第1章

「障害児の教授学」
～出発・発展と授業づくりの魅力～

1. 障害児の教授学——出発で大切にしたもの

　障害のある子どもの教育（以下，障害児教育）は，発達と障害に応じた「特別な」教育方法の工夫と開発に力を注いできた。その傾向は，特に発達障害に関心が寄せられだした 2007 年からの特別支援教育制度開始以後も続いている。授業づくりも，こうした教育方法の蓄積が中心になされてきたといってよい。

　このような考え方が続くのは，障害特性・発達特性に応じる対策的なアプローチによって授業の枠組みが考えられてきたからである。一方，障害児教育では「作業学習」や「生活単元学習」等の「特別な」指導形態の工夫を中心に議論がなされ，それは今日も続いている。

　こうした傾向に対して，私たちは日本で授業論の探究を主に担ってきた教育方法学・教授学の知見に学びながら障害児教育の授業を意識的に追究する試みを 1980 年代に始めた。それから 20 年を経た 2002 年に『障害児の教授学入門』（湯浅・冨永, 2002）（以下，『教授学入門』）を刊行し，それは養護学校教育や特殊学級教育（当時）の中心的な舞台である授業のあり方への教授学からの初めての提起となった。

　その後 20 年近くが経過し，この分野に関連する学会等において授業への関心は高まってきた。しかし，「授業の探究」といいつつ，冒頭で指摘した枠組みでの議論が多いのではないか。そこでこの節では，私たちが『教授学入門』で提起しようとした問題意識を振り返り，「障害児の教授学」の出発で大切にしてきたものは何かをあらためて確かめておきたい。

（1）授業が成立する基盤への注目

　学校の授業は多くの複合的な条件によって成立している。条件としてまず議論したのが「授業と生活の関連」である。ここでいう生活への注目とは何か。それは第一に，子どもの生きている基盤＝「存在」が認められる場をつくることに授業がいかに寄与するかという意味である。認識と表現の主体として自立しようとする子どもの気持ちに参加し，主体になりゆくまでの過程を子どもとともにつくり出す生活を保障するのが学校の役割である。私たちが授業成立の

条件として，何よりも学びに向かう教師と子どもとの共同の生活の場に注目したのはそのためである。生活単元学習といった指導だけではなく，あらゆる授業を通して，共同の生活をつくり出し，ともどもに存在を確かめることのできる授業過程の成立とは何かを問いかけてきた。

　第二は，子どもの自立にとって集団の果たす意義に注目して授業のあり方を問いかけてきた。教授学研究が提起してきた「歴史的過程としての授業」論は，授業という営みが教師と子どもとがつくり上げていく歴史的な過程であることに注目し，学びがいのある集団をつくり出す指導のあり方を解明してきた（白石, 1987）。そのために，教育学で議論されてきた「基礎集団論」を引き取り，障害児の生活基盤である基礎集団をどう学校に形成するのか，それを障害児の授業論の課題として探究してきた。そして，「学習内容」と「障害・発達に応じた学習集団」の関係を問いながら，授業づくりを通して教師と子ども，子ども相互の関係の発展を促す指導論の解明に力を注いできた。

　第三に，授業づくりに取り組む教師・学校の全体から授業の成立条件を探究してきた。『教授学入門』において，「授業評価と教育課程づくり」をテーマの一つに取り上げたのは，日々の授業を評価・反省し，教育課程を創造的に開発する教師集団の力量がなければ，授業改革に資する実践とその研究は展開できないと考えたからである。一つひとつの授業の研究というミクロな評価をマクロなレベルである教育課程の改革に結びつける教師集団の創造的な取り組みを重視し，それを授業成立の条件として解明してきた。

(2) 文化を創造する営みとしての授業

　『教授学入門』の出発になったのは，授業づくりの主要な任務としての学習内容の検討である。そこでは第一に，教科指導や生活単元学習などの背景にある文化に注目した探究が進められた。そのため文化伝達としての側面に注目して，日本の民間教育研究団体や実践家が開発してきた優れた教材文化の継承と伝達を授業づくりの課題に取り上げてきた。たとえば，体育科での「民舞」や算数の量や数の指導における教材・教具の開発である。

　さらに第二には，学習内容の伝達にとどまらず，学習内容の背景にある文化を解釈し，創造する営みに注目して授業のあり方を提起した。作業学習や美術

教育における「土粘土」の文化的価値，重度・重複障害児の授業での絵本教材の意義等である。そこでは，教材化の過程で教材の文化的な価値を教師が解釈し，文化を自己の中で再解釈し，創造していく営みが問われた。この営みを支えたのは，教授学研究が探究してきた「わかる授業」とは何かを問い，「わかる過程」を子どもとともに探りながら，文化的な価値を問い返す創造的な省察である。「教材を若返らせる」（ボルノー）といわれた授業づくりの大切さを障害児の教育に援用しようとしたからである。「平易な教材」ではなく，学びがいのある文化の価値を子どもとの共同で解釈し，探究する授業過程の意義を確かめてきた。そして，先に触れたが，土粘土の文化の背景にある哲学的価値など，教材文化を創造するための豊かな知見をもつ教師の力量に注目してきた（成田, 2008）。

第三には，文化の創造を通して私たちが育てようとする子ども像（青年像も含めて）が探究された。障害児の社会的な自立を重視するからこそ，生きるための背骨になる精神的な自立の力をどう形成していくのかを考えてきた。文化の伝達と創造という授業づくりに子どもが参加する過程を大切にし，達成感や自己肯定感，そして自己決定といった精神的な自立の鍵になる世界を体験する学びとは何かを探究してきた。

(3) 授業展開のプロセスをつくる仕事

以上述べてきた『教授学入門』の出発の諸点をめぐって，授業過程において取り組まれる実践の事実を通して探究してきた。教授学研究が大切にしてきた授業での「教授行為」の果たす生産性の役割に注目したからである。説明・指示・発問・助言・評価といった教師の教授行為は，日々の授業の成立に必要で誰もが行っている行為でありながら，何が優れた教授行為なのかは，私たち教師にとって最高の問いでもある。

そこで大切にしてきたのは，第一に指導・支援・援助などの概念の検討である。子どもが学びに取り組もうとする動きをつくるための支援・援助，さらに発達を先導する指導など，教授学の議論を引き取りつつ，指導・支援・援助等が一方向ではなく，子どもとの相互主体的な関係とコミュニケーションの過程を抜きにして学びは展開できないことを解明してきた。

第二には「展開のある授業」として教授学が大切にしてきた思想にどう障害児の授業で取り組むかである。「ドラマとしての授業」などの問題提起をふまえつつ，座学よりも身体の動きや表現活動を中心にした学習や反復練習型の学びが多い障害児の授業において，認識と表現の主体的な活動がより発揮できる「展開の場面」をどうつくるのか，その指導論を考えてきた（吉本, 1982）。

第三には，こうした展開のある授業をつくる教師の身体に注目し，子どもとともに授業をつくる身体を教師がどう身につけるのか，その意義を問いかけてきた。それは，授業を分析する方法論の探究にも影響して，一定のカテゴリーで授業を分析し，評価する視点とともに，授業過程での教師と子どもの姿勢や身体とその背景にある発達観・自立観などの総体を質的に探究する視点をどうもつのか，その検討が始められた。ティーム・ティーチングのあり方など，授業展開における教師の共同のあり方がこの時期から意識的に取り上げられたことも付け加えておきたい。

2. 障害児の教授学——発展で問われるもの

私たちは『教授学入門』の出発の初志に基づきながら授業論としての発展を目指すべく努力を積み重ねてきた。そこで以下では，その論点を考察し，同時に単に発展の経過を述べるにとどまらず，新しい学習指導要領等の今日の動向にも立ち入って，障害児の授業論の発展で問われるポイントを検討する。

(1) 子ども理解と授業づくり

まず問いかけたのは，「子どもの実態把握」や「個別の指導計画」といった用語で語られてきた議論を「子ども理解」の視点から検討することである（高橋・新井・小川・広瀬・湯浅, 2007; 湯浅・新井・吉田, 2013）。もちろん，障害のある子どもの障害特性や家族，地域生活，発達の状況を鮮明にすることは授業づくりの基本である。それを前提にして検討したのは，授業に向かう子どもの学習要求を理解し，またそれを育てる指導のあり方である。

そこでは第一に，授業という場に参加する要求の育ちをどう指導するかが問われる。「主体的・対話的で深い学び」（アクティブ・ラーニング）という学習指

導要領が特に強調する議論は，障害児が授業の場に参加しようとする過程をていねいにつくり出すことである。場合によっては逸脱などの「問題行動」を繰り返しつつ，教師との，そして子ども相互の対話的な関係がつくられていく中で，学びの場への主体的な要求は育つからである。

　子どもの生活背景をふまえた実態把握のレベルも，学びへの要求を理解するまでに深めなくてはならない。学習要求という子どもの内面が理解できる専門性をどう身につけるのか，「マニュアルのない子ども理解」だけに授業研究を通した理解の深まりが求められている。『教授学入門』の当時に提起した子どもの「存在をつくる」という視座は，「教授学の発展」の段階を経て，これからの課題として引き続き重視すべきである（廣瀬, 2015）。もちろん，学習要求の理解は年齢によって異なる。幼児期から少年期，そして青年期とそれぞれの段階に応じて学びへの要求を理解し，育てる授業づくりが問われている。

　第二に，子ども一人ひとりの内面にある「少し難しい学習内容・教材に挑もうとする要求」「かなり学習内容や教材に慣れて，さらに習熟しようとする要求」など，個々の子どもの学習要求の質をどう理解するかである。学習指導要領では，「知ることとともにできること・知識の活用の力」が強調されているが，それは「できるようになりたいという要求の質」を把握することから始まる。

　発達を考慮しているとはいえ，年齢や障害・発達の差異の比較的大きい集団で展開することの多い障害児の授業では，こうした「できるようになりたいという要求」は多様である。それだからこそ，差異に応じた教材づくりや学びの形態の工夫が図られてきた。それと同時に，同じ学習場面で子ども相互が交わる工夫によって，ともに学ぶ意識を育てることが，発達の状態は異なっていても学習要求の育ちに寄与することを忘れてはならない。共同の意識を土台にして，個別のニーズに対応した学びへの要求は育まれると考えるからである。

　第三には，子ども理解が学習内容や教材づくり，そして授業の過程から独立してあるのではなく，それらとの関連において進められるという視点である。育てたい子ども像や伝えたい文化の質を子どもの願いや姿と重ねて構想する，そしてまた授業の過程において子どもの実態──学習要求を発見するといったダイナミックな仕事が子ども理解の醍醐味だからである。教授学が大切にしてきた「子どもの実態は固定的なものではなく，教材の質や授業の質によって肯

定的にも否定的にも表された姿だ」という考え方を今日もなお大切にしたい。

(2) キャリア形成と授業づくり

この間の学習指導要領が強調してきたのがキャリア教育である。その課題を私たちは，「気になる幼児の保育と遊び・生活づくり」「自閉症児のコミュニケーション形成」「発達障害児のキャリア形成」として探究してきた（いずれも黎明書房，2011年）。2007年からの特別支援教育の動向を意識し，通常の学校での発達障害児，学齢以前の段階や青年期の発達障害児，そして，特に自閉スペクトラム症の子どもへの指導をキャリア形成の課題として引き取り，議論してきた。

キャリア教育論が強調するのは「人間関係形成能力」「情報活用能力」「将来設計能力」「意思決定能力」の形成である。いずれも障害児の将来の生活を意識したキャリア形成に力点がある。中学生や高校生（高等部）に対しては，こうした能力の形成を指導する「領域」を設定した授業も必要になる。しかし，キャリアに必要な諸能力の形成は日々営まれる授業づくりを通してじっくりとなされるものである。そして，キャリアの諸能力の核は子どもの自己形成＝自分づくりの力である。自己のキャリア＝自分の発達の筋道を意識する力を育てるという長期的な視点から，日々の授業づくりを位置づけたい。

学習指導要領では，教科の指導について，指導内容を段階的に詳細に区切って授業をすることが強調されている。そこには指導の目安としての意義はあるものの，個々の段階においてスモールステップで教材の習得に挑む子どもの学びへの要求の育ちにどうつながるのか，その検討が必要になろう。さらに，生活単元学習や作業学習，自立活動などの授業に，子どもの自分づくりというキャリア形成の視点を意識することが必要になる。作業学習も，従来の代表的な作業種とともに，サービス業種の登場など大きく変化してきている。ここでも，進路選択という自分づくりの力と結合したキャリア形成の授業論の探究が必要である。

(3) カリキュラムづくりと授業

学習指導要領は「カリキュラム・マネージメント」の確立を要請している。

第1章 「障害児の教授学」～出発・発展と授業づくりの魅力～

そもそもカリキュラムとは，制度としてのそれとともに，子ども自身が自己の学びと発達の力・成長を意識して子どもの中に形成される価値を指している。カリキュラム・マネージメントとして「個別の指導計画」や「個別の教育支援計画」の充実を図ることが指摘されてきたが，子どもの中に形成されてきた知識や技能，そして，ものの見方や考え方，価値観や世界観を評価しながら，どう個別の指導計画等を作成するかが問われている。

　このようにカリキュラム・マネージメント論をキャリア形成と結びつけて考えると，授業の中で子どもが見せる多様な表現の中に何が子ども自身のキャリアとして形成されているのかを解釈する力が私たちには必要になる。授業評価もこの視点から進めることが必要だし，同時に，授業づくりそのものが，子どもたちの思いや価値観が見える過程として指導されなければならない。非言語的なコミュニケーションを含めて，授業をつくりながら，子どもの自分づくりの過程を解釈し，評価する地道な努力を教師集団がどう積み重ねていくかが求められている。

　カリキュラムづくりの力を高めていくためには，教師のキャリアアップが不可欠だ。そこで私たちが探究してきたのは，第一に，先にも検討した「子ども理解」である。それを「楽しく授業に挑むための教師の力」として示してきた。先に学習要求の理解の大切さを述べたが，その基盤として子どもの生活を理解し，ともに楽しく生活する場としての学校をつくる教師の役割がキャリア形成の出発として見逃されてはならないからである。

　第二に，キャリアアップのためには「授業を組み立てる構想の力」が必要になる（小川・新井・高橋・広瀬・湯浅, 2007）。授業の目標に沿って評価する場合，子どもの「わかる・できる」世界が見える段階と，感情や思いなどの「見えにくい」世界が理解できる段階など，教師のキャリアアップの筋道があらためて問われている。そして「ことば，金銭と時計，体育，あそび」といった指導の領域では，「子どもの生活や文化を意識する」教師の構想力が課題になる。ここでも単に認識や表現の力だけではなく，生活に根ざしつつ言語文化や数量感覚の世界を意識して指導できる教師の力量が，楽しい授業とともに，豊かに授業を組み立てることにつながることを解明してきた。

　第三には，授業を「深める」ことのできる教師の力に注目し，特にカリキュ

18

ラム開発の力の意義を議論してきた（湯浅・新井・小川・高橋・広瀬, 2008）。そこでは特に学習内容としての教科と生活単元学習の関連，教育課程での自立活動や総合的な学習の位置づけを取り上げてきた。また，重度・重複障害児を対象にした授業を進める教材化とカリキュラムづくりのあり方も問いかけてきた。これらは，障害児教育の授業論の基礎的な問題であると同時に，たえず授業づくりを進め，深めるための応用的な論点でもある。

　これまでは「領域・教科を合わせた指導」と称してきたが，学習指導要領では「教科等を合わせた指導」に改訂されている。「教科等」といいつつ，明らかに教科を合わせる＝合科としての指導に力点が置かれている。しかし，生活単元学習は，教科を合わせたというよりも，生活づくりとしての価値がその本来の意味である。教科的な生活単元学習に偏り，生活を楽しみ，つくる面白さを体験する学びが後退することも危惧される。カリキュラム開発の基本である学習内容の教育学的吟味がますます求められている。

　そして私たちは「子どもをのばすプロデューサーになる」という言い方で，教師相互が共同して授業づくりに取り組み，評価し，それをカリキュラム開発に結びつける力をどう形成するのかという，教師のキャリアアップの方向を示してきた。「教科等を合わせた指導」とともに学習指導要領が強調するのが「社会に開かれた教育課程」である。「交流及び共同学習」をはじめとして地域社会との連携が議論されているが，単なる障害理解や地域貢献といった次元を超えて，地域に生きる当事者としての学びを，障害のある子どもとの交流・共同でどう展開するかが課題であり，そのためのカリキュラムを開発し，実践をプロデュースする力が求められよう。

(4) 授業づくりのキーワード

　日本の授業研究をリードしてきた教授学の理論と実践の蓄積をふまえて障害児の授業論を提起してきた私たちは，授業づくりのキーワードを提起する試みを続けてきた（湯浅・新井・吉田, 2014）。

　その目的は，日々営まれている授業づくりを支え，またよりよい授業をつくるための手がかりになるワードをもつことによって，授業づくりの意義をいっそう意識化できると考えたからである。キーワードは，専門家として授業実践

第1章　「障害児の教授学」～出発・発展と授業づくりの魅力～

を探究するための手がかりである。

　列挙すれば，「身体で語りかける」「楽しい授業」「ストーリーのある授業」「教材文化と教材解釈」「教えると学ぶの統一」「一人でとみんなでの統一」「わかるとできるの統一」「接続詞のある授業」「教授行為としての指さし」「主体―主体関係」「ゆさぶり」「ヤマ場」「指導的評価活動」などのキーワードである。

　もちろん発達と障害に応じてこうしたワードは組み換えなくてはならない。たとえば，自閉症児の個＝一人への対応を，どのように集団＝みんなでの対応と結びつけるかが問われる。そこでは集団のもつトーンや集団で学んだ体験が自閉症児の経験として生かされていく事例を発見する（本書第3章第2節の高井実践）など，教授学の枠組みをもつからこそ，子どもの姿に示された価値を評価することができる。

　また重度・重複障害の子どもの授業においては，絵本の教材のもつ文化を授業づくりによって解釈する力が教師の専門的な力として求められる。そして授業過程で「主体―主体関係」が成立する事実を発見し，また「ゆさぶり」が子どもたちに届く事実を発見していく力など，教授学の視点をもつことによって，授業過程で何を大切にすべきかが意識化できる。

　今，「授業過程の構造化」「視覚支援」等が障害児教育実践のキーワードとして盛んに取り上げられている。それらは発達と障害に応じて授業をつくる有効な手がかりとなる。ただ，これらが有効になるには，教授学のキーワードに込めてきた子どもの生活や集団，そして働きかける教師の姿勢や価値観という学びの成立の基盤になる総合的な視点が不可欠だと考える。

　1980年代に「教育技術の法則化」への試みがなされてきたことは日本の授業論において大きな出来事であった。教授学研究をリードしてきた吉本も，「仕方がない」という言い方によって，単に教育への愛情やロマンではなく，実際の教育の「仕方」の探究にこそ，教師の専門性が問われることを強調した（吉本, 2006）。その意味では，日本の障害児教育で重視されている教育方法の一つひとつも，「それによるより仕方がない」という教師の日常を示している。

　こうした，ある意味ではハウツーとしての教育方法の意義を確かめつつ，問われているのは教育方法を省察し，分析する仕事である。ハウツー的な教育方法をまさにハウツーとして転用するだけでは，よりよい授業を探究することは

できないからである。

(5) 授業実践研究の方法

　私たちが障害児教育の授業づくりキーワードに注目したのも，それを手がかりにして教師の専門性を高め，授業実践の研究方法の方向性を鮮明にしようとしたからである。

　授業実践を含めた教育実践の研究方法については，量的研究と質的研究の関連，臨床教育学による研究方法の提起など，盛んに議論されている。私たちの教授学的方法は，質的研究に位置づけられる。そこには，冒頭で述べた『教授学入門』から出発した，「生活」「教材文化」「集団」という子どもの人格形成を担う授業づくりの条件をトータルにとらえて，一つひとつの授業を分析する姿勢が示されている。

　私たちの授業研究は，参与観察といった手法とともに，授業実践の記録の分析も取り入れて進めてきた。教育実践記録をもとにして日本が伝統的に進めてきた研究方法を大切にしようとしたからである。最近では「エピソード記述」による授業研究にも着手して，質的研究の深まりを目指してきた（障害児の教授学研究会, 2017）。

　障害児教育の授業研究の多くを占める量的研究は，PDCA サイクルに沿って目標を立てて，効率的に成果を得るための教育方法の開発を目指してきた。むろん，教育実践にはこうした視点を欠くことはできない。しかし，前田が「教育」と「治療」を対比しつつ，「治療」には未来に対する不確実さや揺らぎや退行などの可逆性が重視されると指摘するように，障害児の自立や発達という人格形成を担う授業実践だからこそ，可逆性をふまえた探究が必要になるのではないか（前田, 2019）。

　このように考えると，前田がいう「自らのナラティブ（語り）を通して〈教育〉の時空間を構成するという日本独自の質的な省察方法」である実践記録による授業研究は，これからもいっそう必要になろう。歴史を振り返れば，戦前からの教師，特に生活綴方教師による「文集」とその交換が「教師の人づくりのメディアであると同時に，その研究のメディアともなった」と指摘されているように，研究方法としての教育実践記録の分析の意義をあらためて確かめて

第1章　「障害児の教授学」〜出発・発展と授業づくりの魅力〜

おきたい（中内, 1990）。「現場」学会のコミュニケーション・ネットワークをつくり上げていったと評価されるように，そこでは「野生文化，児童文化，協働，生活台，生活指導，生活訓練，到達目標」などの「人間形成語彙」が生み出されていった。これからの授業研究において，研究のコミュニティをどうつくり出し，そこで授業づくりと人格形成に資する新たな「語彙」を創造するかが課題になる。

(6) インクルーシブ教育と授業づくり

　特別支援教育制度の開始以降に強調されてきたインクルーシブ教育は，通常学校・学級での授業のあり方の探究を求めてきた（湯浅, 2009; インクルーシブ授業研究会, 2015; 新井, 2016）。しかし，これまで述べてきたように，特別支援学校や支援学級を中心に進めてきた私たちの授業づくりは，教授学という通常学級に軸を置いた授業論の枠組みを基盤にしてきた。その意味では，これまで指摘してきた『教授学入門』の出発と発展から示唆される視点は，インクルーシブ教育時代における通常学級の授業論の展開に連続し，活用されていく可能性をもっている。

　この連続を考えつつ今日問うべき課題は，第一に授業への参加論の問い直しである。授業過程を学びへの参加論として議論してきた私たちは，①学習の場への見通しをもつ，②学習活動への見通しをもつ，③学習活動を広げたり，深めたりするという次元から授業を構想する視点をもつことを提起してきた。これらは特に，学習参加に困難さのある発達障害のある子どもの学びの保障に必要な「特別な支援」を考える指標としてなお有効だと考えられる。

　そこでさらに問われるのは，多様な支援方法を通して，学びへの参加の実感を子ども自らが当事者としてどう身につけていくかである。通常学級の多数者である「通常」の子どもが「標準的に」身につけていく学びへの参加の仕方も，特別なニーズのある子どもにとっては，揺らぎつつじっくりと達成する過程である。今日なお主流である一斉の授業形態は，ともすれば学習への参加に巻き込んでいく「同化」の発想に立ちやすい。

　そうだとすれば，先に述べた学びへの参加の実感をもつという視点は，特別なニーズのある子どもだけではなく，学習に多様な困難さのある子どもたちに

とっても必要な課題になる。インクルーシブ教育に関して強調されてきたユニバーサルデザインの授業づくり論は，こうした考え方に立って提起されたはずだが，「学校スタンダード」「授業スタンダード」という流れが支配的な今日の学校では，知らず知らずのうちに「標準的な学びの参加」論に回収されてしまう。

　第二にインクルーシブ授業は，学びの内容について自分づくりという自己のキャリア形成を意識化することに注目しなくてはならない。カリキュラムマネージメントが要請されている学校において，特に学齢期の後半にもなれば，自己の生き方―進む方向とも関わって，何を学びたいのか，そこにおける困難さとその克服のための必要と要求を掘り起こす視点をもちたい。子ども自身が自覚するカリキュラムづくりが問われている。それは，学習内容だけではなく，学習集団の分化を子ども自身が自覚し，要求する力を育てることでもある。

　第三には，リ・インクルージョンとして提起されているように，特別なニーズのある子どもが求める教科内容や教材，そして学びがいのある学習集団は，「当たり前」に学んできた子どもたちの学習観を問い直す契機にならなければならない（原田, 2017）。すでにその試みは，たとえば国語科教育で進められ，教材論と授業過程論として具体化されている。そこでは，特別支援学校の指導領域である「自立活動」の機能を通常学校の教科指導の視点にしていく斬新なアイディアも見られる。

　こうした３つの問い直しには共同で授業実践を探究するコミュニティが不可欠である。それをつくり推進するハブとなる場をどうつくり出していくのか，戦後の日本の授業研究がその運動として発展してきたように（５大学による共同研究から出発した全国授業研究協議会），多様な研究方法をもちつつ共同する場づくり（運動）が問われている。

3. 障害児の教授学──授業づくりの魅力

　以上の『教授学入門』の出発から発展を経て，それを継承しながら，さらなる展開をどう見通すのか。それは「よい授業」を「授業過程を計画どおりに進

第1章　「障害児の教授学」〜出発・発展と授業づくりの魅力〜

めることだ」とする見方は，今日なお少なくない。それだけ教職の仕事の多忙
さが急激に増している。それを考慮しつつ，授業づくりの魅力とは何かをあら
ためて確かめることが必要である。そのためには，私たちの探究が一人よがり
にならないよう，この分野を探究されている方々との対話が不可欠である。以
下では，この点に留意して検討を進める。

(1) 子どもたちの学びの世界に参加する授業づくりの魅力＝相互主体の論理

　授業づくりが一般にそうであるように，障害児教育の授業づくりは「わかる
学び」を大切にしてきた。この点に関して障害児教育の場合，「わかる状況」
をつくり出す場と人のあり方に注目し，子どもたちにとって「教材や教師の位
置がわかる状況をつくること」に授業実践の力を注いできた。そこに苦労があ
るとともに授業づくりの魅力があるのだと考える。『教授学入門』の出発の段
階から重視してきた，相互主体的な関係を基盤にする授業論の魅力を第一に確
かめておきたい。

　「相互主体の論理」がとりわけ鮮明に見えるのが障害の重い子どもの授業場
面である。「障害児の教授学の出発」の時点においても，たとえば重度の障害
児の「光遊び」において，子どもの感覚に届くような教材（天井いっぱいに用意
した光の世界）に誘おうとするが，予想に反してそこには気持ちを向けること
ができなかったという反省が指摘されていた（堺, 2002）。優れた教材のように
思えても，そこに気持ちを向けようとする構えは，ともに学びに参加している
のだという場・人の存在がなくてはつくり出せないからである。

　授業過程において教師が用いる指導方法は多岐にわたるが，「誘いかけ」（指
示）や「価値づけ」（評価）のあり方も「相互主体」の論理に立つことが欠かせ
ない。この点は，たとえば「運動」の領域で，「やりたい人？」と誘うが，気
持ちが高まっているからこそ，逆に身体に力が入って「やりたい」という意志
を伝えることができないのでは，という見方に示されている。また，「坂すべ
り」の場面でも，この子たちは動けないように見える時間でも，動きにくい自
分の身体と向き合い，内面では試行錯誤を続けているという見方である。いず
れも，「……したいけれど，……できない」自分を意識させることを大切にし
た授業づくりである（竹脇, 2012）。指導技術では，子どもの気持ちに参加しな

24

がらともに活動する「共演」が大切にされてきた。そこでも，子どもたちはともに活動してくれる教師という人との信頼に支えられているのがわかるからこそ，教材に気持ちを向けようとするのだ。

『教授学入門』の発展の時期の記録では，障害の重い子どもに働きかける「誘い」の技術をカテゴリー化して示したが，その基盤では常に子どもたちの学びの世界に参加する「相互主体」の論理が大切にされていた（堺，2008）。それは障害の程度にかかわりなく授業づくりの魅力として問い続けていくべき視点である。

冒頭で障害児教育の授業論の傾向として指導形態の工夫を指摘したが，授業での教育方法を「方式・型」「手法」「技法」に区分すれば，障害児教育の場合には「方式・型」を中心にした議論が今日なお主流である（子安，2019）。障害特性に即して実に多様な「方式・型」が流布している。しかし，「方式・型」は，子どもたちとの相互関係をはじめとした多くの要因を経て有効なものとなる。障害児の学びを成立させる「手法や技法」（そこには相互主体の論理の探究が不可欠）のレベルのあり方を検証する議論は低調である。

(2) 学びの質を省察する仮説づくりの魅力

第二には，子どもたちの学びの質を省察する仮説づくりの魅力である。授業における評価論は，目標論とも関わって，障害児教育実践においてはどのような形であれ，常に意識させられる課題である。それだけに定型的な目標と評価の枠組みを超えにくいのが生活単元学習や作業学習などの授業である。そして，障害の重い子どもたちの場合にも，「楽しんで活動する」などの目標や評価を超えて，「楽しむ活動」を詳細に行動化して列挙し，それを評価する議論もある（徳永，2014）。いずれも，「見える目標と評価」への志向の強い議論である。

しかし，こうした議論の枠組みから授業に取り組む魅力は出てくるのだろうか。40年前の1980年代に障害児教育の目標—評価論の探究の脆弱さが指摘されていたが，この状況は今日でもまだ続いているように思われる（窪島，1982）。とはいえ，目標と評価に力点を置いて探究してきたある研究グループの議論は，この点を考えるうえで示唆に富む。

第1章　「障害児の教授学」〜出発・発展と授業づくりの魅力〜

「楽しむ」という授業の目標は，盛り上がる感情というよりも，子どもたちが心を動かしたことを仮説として解釈し，その値打ちをしっかりと受け止める教師（集団）からの応答的な対応が意味をもつ（田中, 2014）。それは，目に見える子どもの行動の評価について，見えにくいが確かに存在する内面の評価に結びつける対応である。「よく見ていた」「追視していた」という評価を「……が出てくるとうれしそうな顔をする」「視線がスクリーンにひきつけられている」といった内面を反映した評価に結びつける対応である。もちろん，こうした評価の仕方はなおまだ曖昧である。しかし，教師の対応を支える「不確かな思い」という仮説を「光」にして授業を展開することが，授業づくりの魅力なのではないか（久保, 2014）。

こうして仮説づくりの魅力を提起するのは，スムーズに，子どもがつまずかずに展開する「きれいな授業」は，はたして子どもたちに届いているかを問いかけようとするからである。むろん，発達と障害に応じてつまずかなくてもいいような授業の環境を整備することは学びを成立させる前提である。この側面に授業論の主な重点を置く実践と研究は数多いし，今日の授業論の主流になっている。

『教授学入門』の出発から発展まで，常に障害児の授業づくりの落とし穴を指摘してきた成田は，「させる・させられる活動」と「する活動」とを区別し，表のような提起をしている（成田, 2015, 6; 表1−1参照）。

この提起は，第一に指摘した「相互主体の論理」に立つものであり，またこの項目で指摘した仮説づくり（たとえば，子どもの試行錯誤の世界や，子どもの判断の世界という曖昧であっても授業を省察する「光」となるもの）の大切さを示したものである。

「する活動」に列挙されている視点は，今日では多くの授業づくりで大切にされ，取り立てて強調するほどのことではないのかもしれない。しかし，これらの視点を具体的な授業に即して仮説として議論し，深める実践研究はどれだけあるのだろうか。「する活動」を引き出すためには，私たちの授業研究が大切にしてきた「子ども像・青年像の探究」「学びの場づくりの探究」「指導行為の探究」等が基盤になくてはならない。

よい授業のための仮説を生成する理論的な枠組みをどこに求めるのか，私た

表1－1　子どもが「する授業」の枠組み

させる・させられる活動	する活動
教師主体 ・子どもが教師にさせられる授業。 ・教師の世界。子どもの姿を借りた教師の授業。 ・結果重視。	子ども主体・教師主体と子ども主体 ・子どもが自ら学ぶ授業。 ・子どもの世界。子どもの授業，教師と子どもの共同の授業。 ・過程重視。
教師主体の活動 　教師の授業構想を手がかりに，教師が子どもとやりとりしながら授業が進められるが，教師の考えが優先するため，子どもの行動は修正され，教師の指示や命令によって，教師が考える枠にはめられていく授業。 ・結果や課題の解決が目的化するため，分かることよりも，できることが重視される。 ・子どもどうしの関わりが豊かとはいえない。 ・失敗が受容されにくく，失敗しないための手だてが講じられるため，試行錯誤の過程があまり保証されない。 ・目に見える結果を優先し，指示や命令が多く，子どもを支配する授業。 ・結果を急ぐため，子どもを急かし，待てない。 ・自分であまり考えず，教師から指示されたことに，それなりに取り組む。 ・指示されたことを，自分の力の範囲でこなす。個性があまり発揮されない。 ・工夫や発見や驚きが少ない。 ・知識や技能やスキルの習得。 ・できないことが，一見できるようになる。 ・成就感や達成感や自己肯定感が少ない。	子ども主体・教師主体と子ども主体の活動 　教師の授業構想を手がかりに，教師が子どもとやりとりしながら，教師と子どもたちの共同によって学びが深められ，教師も子どもたちも予想できなかった高みに登りつめる授業。 ・結果やできることよりも，分かる過程が重視される。 ・子どもどうしの関わりが豊かである。 ・失敗が許容され，試行錯誤の過程がじゅうぶんに保証される。 ・一歩先の課題（発達の最近接の領域）。 ・過程を重視し，子どもに寄り添いながら，じっくり待つ。 ・主体的な活動を引き出すための最小限の支援。 ・活動に集中し，夢中になって取り組む。 ・自分で考え，判断して行動する。 ・自分の力が最大限に発揮される。 ・子どもの多様な個性が尊重される。 ・工夫や発見や驚きがある。 ・思考力や判断力の習得。 ・分かるため，できないことができるようになる。 ・成就感や達成感や自己肯定感がある。

出典：成田（2015, 6）。

ちの基盤である教授学の理論それ自体も仮説であり，授業の実証的研究を通して新たな理論的仮説を生成していくところに授業づくりの魅力がある。

(3) 教材文化をともに解釈する魅力

　いうまでもなく学校教育は，家庭生活での教育力とは異なり，多様で豊かな文化の世界を子どもたちに伝えることを任務にしている。しかし，それは優れた文化を伝えるというのではなく，教師ともども教材文化を解釈することでなければならない。最初の項で述べた教材文化の創造や「教材を若返らせる」という教授学の論理は，今日なお授業づくりの魅力として引き継ぎたい。

第1章 「障害児の教授学」～出発・発展と授業づくりの魅力～

　一例をあげよう（飯野・授業づくり研究会I&M, 2011）。障害の重い子どもたちの教材としてよく取り上げられてきた教材「はらぺこあおむし」（エリック＝カール原作。訳書は偕成社より刊行）の授業で教師は何を問いかけてきたのか。ある授業では，授業を通して得られた力として「物事を断片的にではなく，一つのまとまり，流れとして経験できるようにする」「新たな世界を感じる力（教室全体の活用による絵本の世界の疑似体験を通して見る力，聞く力等を広げること）」が大切にされている。感覚的な力の育ちや実際に体験する活動などの力点は押さえつつ，障害の重い子どもの世界を広げる力をもつことが教材解釈として重視されている。

　これらは授業を通して子どもに届けたい力であるとともに，授業を通して教師（集団）が解釈した教材の価値と文化である。そこには，先に述べた授業過程で子どもたちの学びの質を意識的に省察する力が求められ，また授業後に相互に批評するかどうかが問われている。

　以上3点にわたって授業づくりの魅力を指摘した。それを現実にするには，「授業研究の文化」をつくり出す努力が求められている。そこには「批評する研究文化」がなくてはならない。筆者は別稿で障害児教育の実践研究の方法論のあり方について，量的研究と質的研究の動向と課題を指摘したが，日本の学校には批評する文化が欠けている（湯浅, 2018）。特に教師が，すでに日常的に体験し，教師集団でも実践指針として蓄積されているものを，授業づくりの成果として量的に示し，証拠立てるだけという「研究」が特別支援教育の分野では数多く，授業批評を媒介にした本格的な研究は少ない。

　学校や学年集団，そして本書を編集する研究組織とそれを日常的に支えている各地域での研究サークルのあり方と，こうした多様なコミュニティの発展をリードし，互いにフォローする共同の営みがますます必要になる。このことが，「障害児の教授学」という学的世界の実践知を鍛えることになるからである。

[文献]

・新井英靖（2016）『アクション・リサーチでつくるインクルーシブ授業──「楽しく・みんなで・まなぶ」ために』. ミネルヴァ書房.

・飯野順子・授業づくり研究会 I & M 編著（2011）『障害の重い子どもの授業づくり Part3』.
ジアース教育新社. 205, 215.

・インクルーシブ授業研究会編（2015）『インクルーシブ授業をつくる――すべての子ども
が豊かに学ぶ授業の方法』. ミネルヴァ書房.

・小川英彦・新井英靖・高橋浩平・広瀬信雄・湯浅恭正編著（2007）『特別支援教育の授業
を組み立てよう――授業づくりを「豊かに」構想できる教師になる』. 黎明書房.

・窪島務（1982）「座談会 障害児教育実践における教育学研究の課題」『障害者問題研究』
第 29 号. 53.

・久保知子（2014）「『こうちゃうかな……？』を大切に――たいちゃんとの 6 年間から学ん
だこと」. 三木裕和, 越野和之, 障害児教育の教育目標・教育評価研究会編著『障害のある
子どもの教育目標・教育評価――重症児を中心に』. クリエイツかもがわ. 140.

・子安潤（2019）「本書の構成と教育方法の学び方」. 子安潤編著『教科と総合の教育方法・
技術』. 学文社. 2-4.

・堺るり子（2002）「こころとからだを開く授業づくり」. 湯浅恭正・冨永光昭編著『障害児
の教授学入門』. コレール社. 172-173.

・堺るり子（2008）「重度重複障害児との豊かなやりとりを通した授業づくり」. 湯浅恭正・
新井英靖・小川英彦・高橋浩平・広瀬信雄編著『特別支援教育のカリキュラム開発力を養
おう――授業を「深める」ことのできる教師になる』. 黎明書房. 44-45.

・障害児の教授学研究会編（2017）『エピソードから読み解く特別支援教育の実践――子ど
も理解と授業づくりのエッセンス』. 福村出版.

・白石陽一（1987）「授業の構造」. 吉本均編『現代授業研究大事典』. 明治図書出版. 55-57.

・高橋浩平・新井英靖・小川英彦・広瀬信雄・湯浅恭正編著（2007）『特別支援教育の子ど
も理解と授業づくり――授業づくりを「楽しく」始める教師になる』. 黎明書房.

・竹脇真悟（2012）「肢体不自由特別支援学校における「体育：うんどう」――どんなに障
害が重くとも動く喜びを感じる授業をめざして」.『障害者問題研究』第 40 巻第 1 号. 54-
59.

・田中吉美（2014）「影絵〈スイミー〉の取り組み 〈みる・きく〉の授業づくり」. 三木裕和,
越野和之, 障害児教育の教育目標・教育評価研究会編著『障害のある子どもの教育目標・
教育評価――重症児を中心に』. クリエイツかもがわ. 89.

・徳永豊編著（2014）『障害の重い子どもの目標設定ガイド――授業における「学習到達度
チェックリスト」の活用』. 慶応義塾大学出版会. 38.

・中内敏夫（1990）「生活教育論争」.『中内敏夫著作集Ⅵ 学校改革論争の深層』. 藤原書店.
193-194.

・成田孝（2008）『発達の遅れのある子どもの心おどる土粘土の授業――徹底的な授業分析

を通して』. 黎明書房.

・成田孝（2015）「子どもの〈主体性〉を問い直す」. 成田孝・廣瀬信雄・湯浅恭正『教師と子どもの共同による学びの創造』. 大学教育出版. 76.

・原田大介（2017）『インクルーシブな国語科授業づくり——発達障害のある子どもたちとつくるアクティブ・ラーニング』. 明治図書出版.

・廣瀬信雄（2015）「教師の主体性を問い直す」. 成田孝・廣瀬信雄・湯浅恭正『教師と子どもの共同による学びの創造』. 大学教育出版. 76.

・前田晶子（2019）「教育学における発達理論の再検討——教育政策における空間論の展開に抗して」. 『日本の科学者』Vol.54, No.1.

・湯浅恭正編著（2009）『特別支援教育を変える授業づくり・学級づくり』全3巻. 明治図書出版.

・湯浅恭正（2018）「特別支援教育の実践研究とエビデンス論」. 日本教育方法学会編『教育実践の継承と教育方法学の課題——教育実践研究のあり方を展望する』. 図書文化社. 110-122.

・湯浅恭正・新井英靖・小川英彦・高橋浩平・広瀬信雄編著（2008）『特別支援教育のカリキュラム開発力を養おう——授業を「深める」ことのできる教師になる』. 黎明書房.

・湯浅恭正・新井英靖・吉田茂孝編著（2013）『特別支援教育のための子ども理解と授業づくり——豊かな授業を創造するための50の視点』. ミネルヴァ書房.

・湯浅恭正・新井英靖・吉田茂孝（2014）『特別支援教育の授業づくりキーワード——Q&Aでわかる子ども理解と教科指導法』. 明治図書出版.

・吉本均（1982）『ドラマとしての授業の成立』. 明治図書出版.

・吉本均（2006）『学級の教育力を生かす　吉本均著作選集5　現代教授学の課題と授業研究』（湯浅恭正・白石陽一編）. 明治図書出版. 213-214.

（湯浅恭正）

第2章

教授学を支える学校文化とカリキュラム

第1節

特別支援学級・学校という場の文化と授業づくり

1. 目の前の事実から

　春の陽気を惜しむ4月下旬，1通のメールが届いた。送り主は，前の月に大学を卒業して小学校の教員免許を取得し，臨時採用の職を探していた，筆者のゼミの卒業生である。そのメールは，「先生，やっと産休代替が決まりました。ただ，想定外に知的（知的障害特別支援学級）の担任になり，わからないことだらけです」という文章から始まっていた。ちなみに，その卒業生は，通常学級の教員になることを強く志望して大学に入学してきていたため，在学中，特別支援教育に関わる学修には積極的に取り組んでこなかった。彼にとっては，現役での教員採用試験の不合格が，まずもっての想定外であった[1]。

　どれどれ，とメールを読み進めていくと，話は，授業についての相談に及び，「前任の先生からの引き継ぎで，作業記憶を高めさせるために，神経衰弱をやっているのですが，意味あるのでしょうか？」という質問が付されていた。卒論指導等を通してよく知るその卒業生の言語世界を思い起こすとき，突如現れた「作業記憶」というワードがどうしても借り物にしか思えてならず，また，子どもの様子や学校の状況がわからない中で知ったかぶりのアドバイスはできないとも思い，ひとまず授業場面の参観をさせてもらうことにした。

　実際の授業は，特別支援学級に在籍する子どもが2人（4年生と2年生）ということで，異学年合同で行われていた。参観したのは，国語と算数の時間であったが，まじめな性格の卒業生は，特別支援学級の担任としての職責を果たそうと，一生懸命，「療育っぽさ」を念頭に置いた働きかけを試みていた。「作業記憶」というワードと同様で，その授業のやり方や教材一式もまた，前任の教員から引き継がれたものであった。子どもたちは，卒業生から次々に出される課題を無言でこなしていた。特別支援学級に配当された広い教室に，「次これやってください」といった教員の指示の声のみが響いていた。

放課後，卒業生の話に耳を傾けると，彼の口から「子どもたちは課題によく取り組んでくれるのですが，ルーティーンでやっている感じで，学んでいるという手応えがありません。そもそも，特別支援学級の授業というのは，今日のような感じでよいのでしょうか？」という率直かつ根源的な問いが発せられた。それに対し，筆者は，卒業生が大切にしようとしている，子どもの学びのイメージについて，尋ね返すことから始めた。

　エピソードの提示から入ったが，ここで読者と行いたかったのは，授業の良し悪し議論ではなく，想定外に人事配置された教員や経験・専門性の浅い教員が特別支援学級・学校で担任を担っているという事実の共有である。彼（女）らの中には，筆者のゼミの卒業生のように，目の前の子どもに真摯に向き合おうとする中で，「特別支援学級・学校という場における授業づくりとは何か」という問いを率直に発する者たちが少なからずいる。なんとなく「特別支援学級・学校の授業＝療育的な指導（機能訓練）」というイメージがあり，各種の心理士や療法士の実践をモデルにして取り組むのだが，一生懸命に取り組めば取り組むほど，そうした他の専門職への同化の方向に向かい，かつそんなに簡単に同化できるわけもなく，自身の教師としての専門性が見えなくなるというジレンマに陥ってしまうのである。
　草の根で奮闘する彼（女）らにこそ，本書を手に取ってもらいたいという思いを含みつつ，本節では，特別支援学級・学校という場の特質をひもとき，その教育の場の秘めたる希望を探るというルートから，上述の率直かつ根源的な問いへの筆者なりの返答を試みることにしたい。

2. 特別支援学級・学校という場の特質

(1) 特別支援学級・学校という場の二面性
　法制上，特別支援学級は学校教育法第81条，特別支援学校は学校教育法第72条に規定される教育の場である。条文に示されているとおり，特別支援学級は「障害による学習上又は生活上の困難を克服するための教育」を行うこと，特別支援学校は「障害による学習上又は生活上の困難を克服し自立を図る

第2章　教授学を支える学校文化とカリキュラム

ために必要な知識技能を授けること」を目的として設置されている。

　これらの条文は，機能障害を有する子ども個人が自身の努力によって困難の克服や自立を目指すことを，身近な他者（大人）である教員が専門的に支援するという方向性の補償教育として解釈されるのが一般的である。こうした実践に携わる前提として，特別支援学級・学校の教員には，機能障害の心理・生理・病理的な特性に関する理解や療育的な指導の専門性が求められる。

　国立特別支援教育総合研究所をはじめ，毎年，全国津々浦々で行われる教育委員会主催の研修，特別支援学級・学校の公開授業・公開研究会のほとんどは，この方向性での専門性の向上に関するものである。前項で取り上げたエピソードにおける，特別支援学級の授業においての筆者のゼミの卒業生の「療育っぽさ」の追求もまた，実際に行われた授業が有効であったかどうかはさておくにしても，この方向性に沿った発想での実践であったといえる。

　しかしながら，実際に運用されている特別支援学級・学校という場の日常を，心理・生理・病理面での補償教育の場としてのイメージだけでつかむことは難しい。たとえば，筆者は，これまで調査者としていくつかの特別支援学級・学校に長期のフィールドワークに入ってきたが，校内研究や公開授業など，実践を外部に発信する非日常の機会には，上述のような療育的な指導を積極的に行っているというアピールが行われる一方で，日常では，必ずしも療育的とはいえない，セラピスト─クライエントという非対称な関係性を意図的に崩すような実践が行われている様子を目の当たりにすることがあった（堤，2019）。

　図2-1-1に示すように，実際には，特別支援学級・学校は，地域における学校教育システムにおいて，ともにマジョリティの子どもが通う通常学級の外縁・周縁に位置するマイノリティの教育の場であり，通常学級（＋通級指導教室）とは相対的な関係性にある。つまりは，通常学級はメインストリームであり，基本的にそこで過ごすことが難しい子どもたちが，特別支援学級・学校で補償教育を受けるという構造になっている。特別支援学級・学校は，構造的条件として，単に機能障害に応じた専門的な支援を行うという〈表〉の役割だけでなく，（保護者による選択希望の有無にかかわらず）通常学級在籍の選択肢が行政によって用意されない子どもや，不適応のために通常学級から押し出され

34

第1節　特別支援学級・学校という場の文化と授業づくり

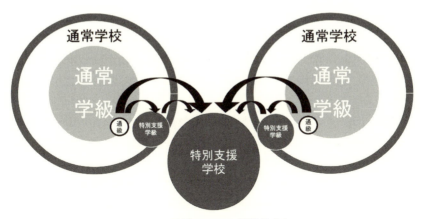

図2−1−1　地域における学校教育システム

る子どもを受け止めるという〈裏〉の役割を担ってもいるのである。特別支援学級・学校という場は，こうした二面性を兼ね備えている。

とりわけ，通常学級から転出し，特別支援学級・学校へと転入していくグレーゾーンの子どもたちに向き合うとき，この二面性がはっきりと浮かび上がってくる（堤, 2019）。そして，学籍を移動することが，キャリア・トラックの横断を意味することも，彼（女）らの事例から見えてくる。つまり，特別支援学級・学校に転入した者の多くは，良くも悪くも，障害者手帳を使った一般就労や，作業所等の福祉就労へとつながるトラックの上を歩んでいく。

ただし，法律に規定される〈表〉の役割とは異なり，〈裏〉の役割はあくまでも非公式の事実であり，特別支援学級・学校で働くすべての教員に自覚されているわけではない。

(2) 通常学級と特別支援学級・学校の関係性

特別支援学級・学校という場の特質，特に，先に述べたような〈裏〉の役割は，日本という国における通常学級という場の特質をつかむことによって，より鮮明に可視化される。

比較の観点から海外の学校を参観してみると実感されるのであるが，日本の通常学級（とりわけ，公立小学校の通常学級）は，伝統的な村落共同体を想像さ

35

第2章　教授学を支える学校文化とカリキュラム

せるような特質を有している。ここでいう伝統的な村落共同体とは，「比較的恵まれた自然環境において，稲作を中心とする，小規模の，かつきめ細やかな集団管理や共同作業，そして同調的行動が求められる集団」のことである（広井, 2009, 37）。それは外部との交流の少ない，単一民族を想定した定住型の村社会である。

　担任教員は，さしずめ村長であり，担任教員と子どもたち（および保護者たち）は，学級という一つの村の中で，1年間という時間の共有を通して人間関係を密にしながら，情緒的なつながりによる身内の世界を形成していく。近年は，クラス・マネジメントといったさっぱりした用語で語られるが，実体としては，もっと泥臭いプロセスを通しての生活共同体づくりである。学級（村）の周囲には，教室の壁に加えて，身内を守るための目に見えない結界が張り巡らされ，閉鎖性がもたらされる。

　こうした村的要素は，授業，給食，掃除，係活動，委員会活動，運動会，合唱コンクール，長縄大会など，学校生活の細部に埋め込まれていて，日本の通常学級では，全員参加による共通体験が，半強制的に求められる。これにより，子どもは共同体への同化を強力に推し進められ，「よく言えば集団性に富み，悪く言えば本来同調するべきでない時も集団と共に生きる方が賢明に見えてしまう状況が創り出される」（恒吉, 2008, 99-100）。そして，個々人が学校に持ち込む差異は同質化されていく。

　その一方で，共同体への同化が難しい者は，逃げ場を奪われながらいじめを受けたり，自主転出のような装いで共同体（学級）の外に押し出されたりする。不適応者への排他性である。こうしたこともまた，伝統的な村落共同体に見られるもので，「村八分」という言葉で知られている（赤坂, 1995）。

　さらに，日本の通常学級には，村落共同体的な要素として，学級の閉鎖性に基づく「ウチとソトの落差」が見られる（広井, 2009）。すなわち，身内における濃密な人間関係，気遣い，同調性の強さとは対照的に，身内の外にいる人間に対して，関心や関係が希薄なのである。それにより，象徴的に非障害者／障害者の線引きのもとで成立している通常学級と特別支援学級・学校の間には，制度的・空間的な分離以上の心理的分断が生じやすい。

　このような日本の通常学級は，在籍する子どもたちに，「他者の視点を内面

36

第1節　特別支援学級・学校という場の文化と授業づくり

化することにより，自己を見つめ，状況により適ったものへと自己の振る舞い
を吟味・洗練していく」といった相互協調的な社会性・道徳性を育むことを得
意としてきた（施, 2018, 65）。このことやテスト学力の平均点の高さへの海外の
研究者からの評価は高く，これらは，日本の通常学級の強みとされてきた。

　通常学級における村落共同体的な要素は，明治初期に欧米から学校制度を輸
入した際に，当時，農村秩序の只中にあった日本社会にそれを定着させ，就学
率を上げるために，戦略的に取り入れられたとの指摘がある（柳, 2005）。つま
り，欧米発の制度としての学校・学級を，日本流に噛み砕いて，村落共同体的
に再構成したのである。

　ただ，筆者は稲作を営む過疎地域に生まれ育ったのであるが，その故郷は，
ここ十数年で少子高齢化がいっそう進んでずいぶんと様変わりし，多くの寄合
が解散になり，空き家が増え，専業農家の数も減ってしまった。筆者自身，現
在は，故郷を離れ，都市部で生活している。このように，日本の学校外の地域
では，村落共同体は解体の危機にあるのであるが，反面で，その要素は，学校
の内部で保存され，脈々と引き継がれている。広井（2009）のいう「稲作の遺
伝子」の学校教育を通しての世代継承である。実際，生育史において地域にお
ける村落共同体の実体験をもたない若手教員であっても，子どものころに受け
てきた学校教育を通して，あるいは，先輩の教員からの伝承を通して，「稲作
の遺伝子」を引き継ぎ，実践している。

　先にも述べたとおり，外縁・周縁に所在する特別支援学級・学校は，通常学
級在籍の選択肢が行政によって用意されない子どもや，不適応のために通常学
級から押し出される子どもを受け止めている。日本の通常学級が，教員個人の
意識や努力のありようを超えて，歴史的経緯から排他性を兼ね備えているとい
うのであれば，受け止めの場が存在しなければ，通常学級に在籍できない一定
数の子どもたちは，学校教育システムの外に放り出されてしまう[2]。つまり，
法制上，公式の役割として任されているわけではない特別支援学級・学校は，
構造の結果として，受け止めの場を担っているのである。

37

3. 特別支援学級・学校という場の文化をつくる，発信する

(1) 特別支援学級・学校という場の文化をつくる

　あらためて確認すると，特別支援学級・学校という場は，法律に規定される補償教育的な役割（＝〈表〉の役割）と，通常学級から押し出される子どもを受け止めるマイノリティ教育的な役割（＝〈裏〉の役割）を担っている。しかし，後者の役割について自覚されているかどうかは，特別支援学級・学校を担当する教員によって異なる。実際，通常学級に連接し，多くのグレーゾーンの子どもたちを受け止める特別支援学級のほうが，〈裏〉の役割が自覚されやすい。一方，特別支援学校は，物理的・地理的距離や設立母体（教育委員会）の違いなどから，〈裏〉の役割が自覚されにくく，補償教育一辺倒の場になりやすい。

　これには，特別支援教育に関わる専門資格である特別支援学校教員免許の課程において，マイノリティ教育に関する科目の履修が求められていないことも関係しているのかもしれない。海外（欧米）の研究者に驚かれるのだが，現状として，日本の特別支援学級・学校の教員は，マイノリティ教育に関する関心や理解が薄く，現職教員の研修会などで筆者が話題にしても，内容や意図が伝わらないことが多い。いずれにしろ，ここまで述べてきたような，特別支援学級・学校という場の特質をふまえて，教員としての職務に取り組もうとするのであれば，補償教育の役割とマイノリティ教育の役割を重ね合わせて考えていくことが必要である。

　ここで，筆者は，子どもの人生の質（QOL）の向上を重視する立場から，マイノリティ教育の考え方を基盤に据えて，補償教育的要素を子ども個々の機能障害に応じて適宜混ぜて調和させていくことを，これからの特別支援学級・学校における教育実践の基本方針として提案したい。

　マイノリティ教育は，これまで，民族・国籍やジェンダー・セクシャリティ，経済階層などの差異に関わる教育の分野において実践され，洗練されてきた。近年，欧米では，障害に関わる教育の分野においても展開されてきている（堤，2011）。

　ブラジルの成人識字教育の実践家であり，理論家として多くの著述を残した

パウロ・フレイレ（Paulo Freire）の主著『被抑圧者の教育学』（1968=2018）は，今も，マイノリティ教育の実践に携わるにあたっての必読書として世界中で読み継がれている。彼は，空の銀行口座に預金を行うかのごとく，教育者が学習者の頭の中に一方的に知識を伝達する「預金型教育」を批判し，教育者と学習者との間の探究的対話を通して，相互が自分のことばを獲得し世界を変革していく「課題提起型教育」を提案した。こうしたマイノリティ教育において鍵概念として考えられるのが，エンパワメントである。エンパワメントとは，「価値を剝奪される傾向にある人たちが，他者とのコミュニケーションによって自己肯定感を高め，他者からの承認を得ることによって，自分たちの力や文化に対して自信を持ち，社会や文化に対して影響力をもつようになっていく」プロセスのことを意味する（津田，2012，38）。教育におけるエンパワメントは，フレイレも主張しているように，教員をはじめとする他者との相互主体的・探究的対話の中で，マイノリティ自身が自分なりのことば（表現）を培うことと密接に関わっている。ここでいうところのことば（表現）は，口語での表出にとどまらず，まばたきや指の微細な動きなどの身体の表現も含んでいる。

　自分なりのことば（表現）を培うことに関わるマイノリティ教育には，子どもの機能障害に応じて，補償教育が必要とされる場合がある。たとえば，片岡・小島（2017）は，発達障害を有する場合について検討し，自己理解と提唱力に焦点化したセルフアドボカシースキル学習を提案している。

　しかしながら，この種のマイノリティ教育が最優先にすべきは，補償教育に熱心に取り組み始める前に，個々の子どもの言語能力をひとまず棚上げにして，相互主体的・探究的対話が自然に発生しやすい場の文化をつくることである。場の文化とは，場の担い手たち（教員と子どもたち）によって共有される生活様式や価値のことで，その文化は，一度つくり上げたら不変というような静態的なものではない。場の担い手たちの協働実践によって不断につくり直されていく動態的なものである。

　具体的には，教員と子どもたちには，五感をひらいて，思わずことば（表現）が発せられるような場の文化づくりに，協働で取り組んでいくことが望まれる。ことば（表現）を培うことに重きを置くマイノリティ教育の考え方の基盤の上でこそ，機能障害に応じた補償教育も人間味を帯びてくる。

第2章　教授学を支える学校文化とカリキュラム

　機能障害を有する子どものことば（表現）を尊重し，教員と子ども，子ども
と子どもの対話を大切にする特別支援学級・学校は，愛育養護学校の観察から
佐藤（2005）が言語化したような，相手の弱さや脆さから生まれることば（表
現）を引き受ける応答性によって相互に結ばれる，ケアしケアされる関係性の
空間へと変貌してくる。なぜなら，そもそも，特別支援学級・学校は，他者が
無意識に思いを駆り立てられるような弱さや脆さが，覆そうと思ってもしきれ
ないレベルで顕在している場だからである。そして，実のところ，教員は子ど
もをケアしながら，子どもの存在そのものに癒され，力をもらっている（ケア
されている）。こうした魅力があるので，想定外の着任であっても，しばらくそ
の場で過ごしてみると，特別支援学級・学校で働くことに「ハマる」教員も少
なくない。

　そして，ケアしケアされる関係性の特別支援学級・学校は，機能障害を有
する，類似の境遇の子ども同士が関わり合い，話し合い，聴き合い，相互の
QOL を高め合う自助グループ的な機能を果たしてもいく[3]。こうした一連の
プロセスを通して，子どもたちはエンパワメントされ，実質的な意味で，学校
教育法に規定されるような生活上の困難の克服や自立へと向かっていく。ただ
し，ここでいう自立は，他者に頼らずに一人立ちすることを目指す自立ではな
く，熊谷（2013）が主張するような，障害者の依存先が非常に少ない現実を前
提とした，依存先を増やすという方向での自立である。

(2) 特別支援学級・学校という場の授業をつくる

　自分なりのことば（表現）を培うことや，ケアしケアされる関係性を育むと
いった観点から，特別支援学級・学校における授業づくりを考えると，どのよ
うなイメージの実践になるのだろうか。刊行されているものでいえば，さしあ
たり，全国生活指導研究協議会における障害児の集団づくり論（たとえば，湯
浅・小室・大和久, 2016）や教育科学研究会における障害のある子ども理解と教
育実践づくり論（たとえば，大高・杉山・永田・森, 2011）などは，こうした方向
性と重なる実践および研究を進めてきたように考えられる。

　後者の流れにある大高・糟谷・伊藤・森（2007）は，1 冊の本を通して，東
京都のある小学校の固定制の知的障害特殊学級（現・特別支援学級，20 名前後の

第1節　特別支援学級・学校という場の文化と授業づくり

子どもが在籍）における教育実践を包括的に描き出している。その学級では，「生活・学級の場」をつくることを目指して，教員・研究者間で，5年にわたって，1〜2か月に1回，授業ビデオを見ながらの「子ども理解と実践のカンファレンス」が実施され，授業づくりについての検討が重ねられた。

　この本の中に，国語科の授業の実践記録が掲載されている（大高ほか，2007，114-136）。その授業は，子どもたち自身が学級文庫から選んだ絵本（物語）『かわいそうなぞう』（土家由岐雄 文・武部本一郎 絵，金の星社，1970年）を教材にしたもので，全学年で全員で行う「全体国語」と，課題別グループに分かれて行う「グループ国語」が組み合わされて，2学期間をかけて展開された。

　一連の過程としては，まず，子どもたちは，当該の絵本について，1ページずつ，時間をかけてじっくり丁寧に読み，教員が媒介者となって，話し合い，考え合って，登場人物の心情や情景から想像を広げ，主題や内容を理解することを試みた。空襲体験者の生の話に耳を傾けたり，上野動物園のゾウと動物たちのお墓の見学を行ったりして，実感を高めることも同時並行で行われた。そして，子どもたちは，個々に感じたことや考えたことを文章で表現した。

　上記の学習を基盤にしながら，今度は，教員が子どもたちの言葉や感想をふまえた劇の台本を作成し，それをもとに，子どもたちは劇練習を行った。劇練習を通して，子どもたちから自発的に出されたさまざまな意見や動作の改良案は，そのつど，台本に反映され，修正された。最終的に完成した劇は，学芸会で第三者に披露された。

　この授業では，日常生活における子どもの関心・経験の教材化や，動作や生の声に触れることによって得られる実感の重用，教員が媒介者となっての子ども間の思考とことば（表現）の相互交流の助長，絵本を介しての文化的価値の伝達，教員と子どもが協働しての劇づくり（物語の自分たちなりの書き替え）などの複数の工夫の組み合わせを通して，確かに本節が着目するような，自分なりのことば（表現）を培うことやケアしケアされる関係性を育むことが促進されていた。この授業づくりに教育学研究者として参加した森は，障害のある子どもの教科学習を，「伝えるべき知識や技術の習得との関係を軸に捉える前に，子どもたちがそれぞれに世界（外界や対象物，社会，人々など）と関わりながら生きているその『生のあり方』や意味世界をつくりかえていく方法を発見し，

第2章　教授学を支える学校文化とカリキュラム

獲得していく過程」としてとらえるべきと述べている（大高ほか, 2007, 188-189）。

　新学習指導要領において，特別支援学校（学級）と通常学級における学びの連続性を考慮した改訂がなされ，教科学習の見方や考え方は基本的に同じとされることになった。特別支援学級・学校において教科学習が強調される中で，筆者が提案するようなマイノリティ教育の考え方を基盤に据えて，補償教育的要素を子どもの個々の機能障害に応じて適宜混ぜて調和させていくという方向で授業づくりに取り組むにあたっては，上記のような場の文化づくりを大切にしてきた先行する実践および研究が重要な手がかりを提供してくれるだろう。

（3）特別支援学級・学校という場の文化を発信する

　2014 年の国連の障害者権利条約の批准と 2016 年の障害者差別解消法の施行を背景に，インクルーシブ教育システムの構築が模索される現代において，本節の議論を，特別支援学級・学校の実践の充実にとどめておくわけにはいかない。

　日本においてインクルーシブ教育を考えるにあたって大きな壁となるのが，先に述べたような，明治以来の村落共同体的な通常学級という場の特質，とりわけ不適応者への排他性である。学校組織の合理化への要求の強まりや市場原理に基づく教育政策の拡大，社会や教育現場の医療化の加速などから，近年の通常学級は，ますます排他性を強めている。

　ただ，先に「稲作の遺伝子」という言葉を参照したが，もしそれがいわゆる日本人の無意識レベルでの精神的な傾向性と結びついているものだとすれば，村落共同体的な通常学級の特質を抜本的に変えようとすることは容易なことではない（施, 2018）。したがって，現実路線としては，通常学級という場の村落共同体的な要素を取捨選択して，「変える」のではなく「ずらす」方向で，変革を目指していくことになるだろう。具体的には，不登校や発達障害など，不適応者の出現によって生まれる「場のゆらぎ」をポジティブにとらえ，強みでもある集団づくりの要素を生かしつつ，伝統的な村落共同体から多文化的共生体への実質的な変革を試みていく方向性が考えられる（恒吉, 2008）。

　そして，通常学級における多文化的共生体への変革のキーワードとなるのが，本節で特別支援学級・学校という場の文化づくりでも取り上げた，エンパワメントやケアしケアされる関係性である（原田, 2017）。これまで学校教育シ

ステム上の協働・分業関係にあったため，置かれた状況や今後の変革プロセスは相互に異なるのであるが，通常学級も特別支援学級・学校も，未来に向けて目指す「場のすがた」は重なってくるのである。

結局のところ，筆者が主張したいのは，特別支援学級・学校という場の文化づくりは，通常学級の変革を触発し，影響力をもつことも視野に入れるべきではないかということである。窪島（1991）や高橋（2016）が指摘するとおり，特別支援学級・学校には，通常学級と比較して，学校教育システム上における外縁・周縁に位置するがゆえの実践づくりの自由さや対抗文化の可能性が認められる。また，すでに述べたように，特別支援学級・学校は，ケアしケアされる関係性が育まれやすい条件下にある。これらのことを積極的にとらえて，通常学級の変革に先行して（可能であれば同時並行で），特別支援学級・学校においてケアしケアされる関係性に基づいた場の文化をつくり，それを，通常学級に発信していくのである。

通常学級の「ウチとソトの落差」もあり，決して平坦ではないが，インクルーシブな未来へとつながる希望の道である。いずれにしても，補償教育一辺倒ではない，特別支援学級・学校という場の文化を，子どもと共に地道に丁寧につくっていくことが大前提の話であることを，あらためて強調しておきたい。

［注］

(1) エピソードとして取り上げた筆者のゼミの卒業生は，その年度に実施された教員採用試験に合格し，次年度からは，小学校通常学級の教壇に立っている。

(2) 小・中学校段階において，受け止めの場を担っている外縁・周縁の場は，特別支援学級・学校以外に，保健室，適応指導教室，日本語指導教室，国際学級，フリースクール（私立学校）などがある。

(3) 筆者の主張と類似のものとして，河野（2015, 226）は，浦河べてるの家の「当事者研究」の実践を参照しながら，「学校の中で，あるいは複数の学校をわたって，障害の当事者である児童生徒同士で話し合い，どのようにして自分たちのケイパビリティを開発できるのかを共同して『研究』してもらう過程を，特別支援教育の中に取り込むべき」と主張している。

［文献］

・赤坂憲雄（1995）『排除の現象学』. 筑摩書房.
・大高一夫・糟谷京子・伊藤裕子・森博俊（2007）『先生は，お花に水をあげるような勉強

第2章　教授学を支える学校文化とカリキュラム

をしてくれた──知的障害学級の子どものねがいと教育実践』. 群青社.

・大高一夫・杉山敏夫・永田三枝子・森博俊（2011）『こころをみつめて──知的障害学級から特別支援教育の質を問う』. 群青社.

・片岡美華・小島道生編著（2017）『事例で学ぶ 発達障害者のセルフアドボカシー──「合理的配慮」の時代をたくましく生きるための理論と実践』. 金子書房.

・窪島務（1991）「『障害児学級』についての教育学的考察」. 『障害者問題研究』. 第64巻. 21-33.

・河野哲也（2015）『現象学的身体論と特別支援教育──インクルーシブ社会の哲学的探究』. 北大路書房.

・熊谷晋一郎（2013）「依存先の分散としての自立」. 村田純一編『技術──身体を取り囲む人工環境』. 東京大学出版会. 109-136.

・佐藤学（2005）「学びとケアの共同体へ──教育の風景と原風景」. 津守眞・岩﨑禎子編［佐藤学監修］『学びとケアで育つ──愛育養護学校の子ども・教師・親』. 小学館. 18-34.

・施光恒（2018）『本当に日本人は流されやすいのか』. KADOKAWA.

・高橋眞琴（2016）『知的障がい教育と社会モデル──文化に根ざした教育を考える』. ジアース教育新社.

・津田英二（2012）『物語としての発達／文化を介した教育──発達障がいの社会モデルのための教育学序説』. 生活書院.

・堤英俊（2011）「障害の視点から見た批判的教育学──N. エレヴェレスの所論を中心に」『東京大学大学院教育学研究科紀要』第50巻. 221-229.

・堤英俊（2019）『知的障害教育の場とグレーゾーンの子どもたち──インクルーシブ社会への教育学』. 東京大学出版会.

・恒吉僚子（2008）『子どもたちの三つの「危機」──国際比較から見る日本の模索』. 勁草書房.

・原田大介（2017）『インクルーシブな国語科授業づくり──発達障害のある子どもたちとつくるアクティブ・ラーニング』. 明治図書出版.

・広井良典（2009）『コミュニティを問いなおす──つながり・都市・日本社会の未来』. 筑摩書房.

・フレイレ，P.（2018）『被抑圧者の教育学──50周年記念版』. 三砂ちづる訳. 亜紀書房. (Freire, P. (1968) *Pedagogia do Oprimido*. Rio de Janeiro: Paz e Terra.)

・柳治男（2005）『〈学級〉の歴史学──自明視された空間を疑う』. 講談社.

・湯浅恭正・小室友紀子・大和久勝編著（2016）『自立と希望をともにつくる──特別支援学級・学校の集団づくり』. クリエイツかもがわ.

（堤　英俊）

第2節

カリキュラムづくりと教授・学習

1. 教えたいことと学びたいことの「あいだ」を創り出す

　子どもの学びを生み出すためには，子どもがその教材世界の中に没入し，思考をめぐらせ，試行錯誤してみようと思うような「題材・素材」を取り上げなければならない。この点に関していえば，知的障害児教育で長年取り組んできた生活単元学習や作業学習では，「本当の学び」につながる教材がこれまでにも多く生み出されてきたと考える。

　ただし，教師が「何を教えたいのか？」という点を明確にして授業を展開しなければ，子どもが「実生活の題材に本気で取り組む」という基本方針で生活単元学習を繰り返しても，やはり，新学習指導要領で求められている「深い学び」に至ることは少ないと考える。なぜなら，「実生活」のことを題材にしても，その生活を見つめる「視点」がはっきりしていなければ，「経験を通してできること」は増えていくかもしれないが，ものごとを深く見つめ，生活に応用していくことは難しいからである。

　以上のように，教えたいことと学びたいことの「あいだ」には，常にギャップがある。そのギャップを教師の側からなんとか「埋めよう」とすると，教師（＝社会）の論理に従属する学びとなってしまう。

　この点は「教育学」が永遠のテーマとして論争してきたことでもある。とりわけ「教授学」においては，理論の教授があって経験が概念化するのか，経験の蓄積によって理論が形成されるのかといった授業構成の根幹に関わる問題として長い間，議論されてきた。たとえば，柴田はソビエト教育学の知見を引用しながら「経験的概念と理論的概念とはたんに相互に対立するだけでなく，相互に依存しあい，たえず変化し，たがいに他に転化する可能性のあるものとしてみなくてはならない」と指摘している（柴田, 2010a, 41-42）。

　本節では，以上のような教授と学習の関係を「カリキュラム」という視点か

第2章　教授学を支える学校文化とカリキュラム

ら整理することを課題とする。すなわち，教育，とりわけ授業というものを，教えたいことと学びたいことの「あいだ」で教師と子どもが相互に変化していく過程であるととらえ，こうしたダイナミックなプロセスを生み出すことを「カリキュラムづくり」と定義して論じていくものである。

　特に，本節では，授業を固定化した静的なものととらえるのではなく，常に変化している様相を描き，とらえることがカリキュラムづくりであるという点に注目する。そして，こうした視点から授業を見つめ直し，アクティブ・ラーニング（主体的・対話的で深い学び）が求められる時代のカリキュラム開発のあり方について検討したいと考える。

2. 教科の本質とカリキュラムづくり

(1) 比喩表現を考える国語の授業実践からカリキュラムを考える

　それでは，教えたいことと学びたいことの「あいだ」でどのような授業（教授・学習）を展開していくことが，子どもの学びの過程＝カリキュラムを創り出すことにつながるのだろうか。この点について，ある特別支援学校で行われた国語の授業を例にして考えてみたい[1]。

　この授業に参加していたのは高校部3年生の生徒7名（教員2名）で，企業就労を目指す比較的知的能力の高い生徒のグループであった。基本的に，教師が質問したことに対して，言葉で答えることができ，活発にコミュニケーションをとることができる生徒であった。簡単な漢字が混ざった文章であれば理解することもでき，読んだ文章に対して自分なりの感想を述べることも可能であった（授業当日に配布された学習指導案より）。

　しかし，この授業に参加していた生徒たちは，語彙や表現のレパートリーが豊富であるとはいえず，そのため国語の授業ではより豊かな言語生活を送ることができることを目標に「比喩」について学び，比喩表現ができるようにしたいというねらいが設定されていた。

　この授業では，教師はまず，「気持ち」を表す言葉（悲しい／嬉しい）を用いて比喩で表現することを指導した。このとき教師は，「～みたいに悲しい」とか，「～のように悲しい」という表現を考えてみようと生徒に投げかけた。す

46

ると，生徒からは，「未来を見て，悲しい」とか，「夢みたいに，悲しい」という発言が出てきた。

これは，「悲しい」と感じたときの状況を表現しているだけであり，「比喩」になっていないと考えられる。そうした様子を見たこの授業者は，「悲しい」を使って比喩表現を指導する前に，もう少しイメージしやすい「おいしい」を取り上げて考えるように発問を修正し，「ほっぺが落ちるように，おいしい」などの例を示して再び生徒に考えさせた。

すると，今度は「酸味がきいているみたいに，おいしい」と発言する子どもが出てきた。ただし，なかにはやはり比喩表現を生み出すことが難しい生徒もいて，そうした生徒は「ほんのり甘くて，おいしい」とか，「とろけそうなほど，おいしい」といった味を表現したり，おいしさの程度を表現したりすることが精いっぱいであった。

(2) 比喩表現を生み出す言葉の精選

以上の授業を参観して，筆者は言葉でコミュニケーションをとることができる生徒であっても，比喩表現を考えることはとても難しい課題なのだということを実感した。この授業の教師は，生徒が思わず口にした言葉を拾い上げ，なんとか比喩表現に結びつけることができないかと，とても丁寧に授業を進めていた。また，「悲しい」という言葉から比喩を生み出すのが難しいと察した教師は，学習課題をその場で「おいしい」に変更し，柔軟に授業を展開していた。

それでも，比喩を考えることが難しい生徒は，見た目の様子（目の前の現象）を表現するのがやっとの感じであった。それでは，この生徒たちは，そもそも比喩表現を指導する発達段階にまで至っていなかったと判断するべきなのだろうか。

この点について，筆者は機械的に心理学的な検査（アセスメント）をすればわかるということではないと考えている。たとえば，この授業でも，「悲しい」よりも「おいしい」のほうが比較的，比喩表現が出てきやすかったというように，言葉を精選すれば表現可能な生徒もいた。このように考えると，教師が用意した言葉ですぐに比喩表現ができなかったからといって指導を断念するというのは早計であるだろう。

第2章　教授学を支える学校文化とカリキュラム

表2−2−1　「人生」をテーマにした比喩表現の発表例

①「人生とは漢字検定である。」（1点足りないだけで不合格になることがある）
②「人生とは山あり，谷ありである。」（良い時もあれば，いろいろな修羅場もある）
③「人生とは愛である。」（愛がなければ生きていけない）
④「人生は縛られている」「人生とはルールである。」（先生もルールで縛られているでしょう。携帯電話だって持っていた方が良いのに，学校には持ってきてはいけないというし…。人生は地獄みたいなもんでしょう）
⑤「人生とは金である。」（世の中はお金で解決できる）
⑥「人生とは夢の王国である。」（理由はわかりません）

注　：「　」のあとに（　）で記した文章は，生徒がどうしてその比喩を思いついたのか，その理由をつぶやいたときの言葉である。

　つまり，「悲しい」を取り上げても，「おいしい」を取り上げても同じ「比喩表現」の学習であるのに，片方の言葉はとても難しく，もう一方の言葉であればかろうじて考えることができることがあるということである。このように，子どもの学びの過程＝カリキュラムを創り出すには，子どもの実態を正確にアセスメントすればよいのではなく，どのような学習課題を提示するのかで，学びが大きく変わってくるということである。

　それでは，「悲しい」と「おいしい」では，学習課題の難易度という点で，何が異なっていたのだろうか。単純に考察すれば，「おいしい」は味覚（一次的な感覚／実感）に関することであり，「悲しい」といった心情を表現するよりもやさしかったからだと考えられる。

　ただし，抽象的な言葉だと比喩表現が難しくなるかといえば，必ずしもそうではなかった。たとえば，この授業では，後半で「人生」という言葉を課題にしていたが，このクラスの生徒は表2−2−1のような表現を生み出し，発表していた。

　もちろん，上表の発言を見るだけでは，正確なところでは「比喩表現になっていない」と評価されてしまうかもしれないが，それでも筆者には，これらの生徒の発言は「悲しい」や「おいしい」のときよりも，かなり健闘した発言のように思えた。それは，裏を返せば比喩になるものが含まれていて，何が言いたいのかという「意味」も理解できる発言が多かったからである。

　たとえば，「人生」と「漢字検定」を結びつけた生徒は，「人生とは漢字検定

48

である」と表現し直せば，比喩表現となりうる。その理由を見ても，「ほんの少しの差で，とても大きく違った結果となり，悔しい思いをする」ととらえれば，その意味も理解できる。もちろん，こうした意味をうまく説明できているわけではないが，この授業を参観した筆者には，この発言をした生徒がそうした意味で表現を考えたであろうことは見て取ることができた。

また，「人生とは山あり，谷ありである」という表現についても，人生にはよいときもあれば，修羅場となるときもあるといった経験を「山と谷」という言葉で表現したのであれば，これは十分に「比喩表現」といえるだろう。

このように，比喩表現を生み出すことが比較的容易な言葉と，そうではない言葉がある。そして，必ずしも日常生活に密着した具体的な言葉のほうが比喩表現を生み出しやすいわけではないということも考えられる。こうした学びにつながりやすい言葉と，それが難しい言葉とがあるのなら，生徒の学びを創り出す（＝カリキュラムづくり）には，生徒がこれまで生きてきた軌跡が大きく関わっていると考えられる。

3. 子どもの学びの過程＝カリキュラムづくりと発達・生活

(1) カリキュラムを創出するための「教授」の重要性

前節で取り上げた「比喩表現」を生み出しやすい言葉とそうではない言葉を検討するにあたり，まず，比喩表現とはそもそもどのようなものなのかという点について考えてみたい。

表現した言葉が「比喩」になるかどうかの境は，「現実」の生活で感じていることを，いったん「現実には生じていない言葉」に置き換えられているかどうかにあると考えられる。これは，抽象的思考（あるいはメタ認知）が苦手な知的障害児にとっては，日常会話をするのとは異なり，難しい課題となる。これが，見た目の様子（目の前の現象）を表現するにとどまってしまう理由だろう。そのため，「現実」に起こった出来事を言い表す言葉と，それを表現する現実には生じていない言葉を区別することができるように授業を進めていくことが必要となる（次頁の図2−2−1参照）。

具体的には，現実にあった出来事から連想できる言葉（たとえば，「絵がうま

第2章　教授学を支える学校文化とカリキュラム

図2-2-1　比喩表現の現実と虚構の関係

い」⇒「画家」／「笑顔」⇒「楽しい行事」⇒「遠足」など）を書き出させるなど，丁寧に「現実世界」から「虚構の世界」へと移行していく過程（学びの過程＝カリキュラム）を生み出すことができれば，比喩表現が可能となる。これは，連想しているうちに，現実に生じた出来事とは関係のない言葉とのつながりが生まれ，関連する知識や語彙と結びつき，そうした中で，新しい表現（意味）が生まれるということであろう。

　以上の授業を「教授学」の視点から見てみると，次のように理論化できる。すなわち，「比喩表現」という実生活とは離れた高次の思考が可能になる発達とは，実生活の中で主体的に活動にしていれば生じるというものではなく，学ぶ生徒の実態をとらえて，教える内容やプロセスを常に教師が調整し，知識や技能の獲得に向かうように教授することが重要であるということである。そうした中で学習することによって初めて，知識や認識の質的変化（ここでは比喩で表現できる発達）へと結びついていくのである[2]。

第2節　カリキュラムづくりと教授・学習

(2)「実生活」の中で学ぶのではなく，生活の深いところとつながる

　一方で，「人生」という言葉のほうが比喩表現を生み出しやすいという点については，「教授」と「発達」の理論だけでは十分に説明することができないこともある。

　すなわち，比較的知的能力の高い特別支援学校の高等部には，中学まで通常の学校で学んでいる生徒も多いが，そこでの生活（経験）の中で，自己や他者・社会を肯定的にとらえることができなくなっている生徒もいる。たとえば，表2-2-1で④の発言をした生徒は，常に否定的に考える傾向があり，一度，ネガティブ思考とつながるとなかなかそれを断ち切れず，「人生」がいかに嫌なものであったかを表現し始めた。

　しかし，こうした生徒だからこそ，「人生」という言葉を聞いて，「それなら」といろいろな表現を思いついたのかもしれない。つまり，この生徒にとって「人生」という抽象的な言葉は，それを聞いたとたんにそれまでの生活がよみがえり，感情が揺れ動き，言葉を「吐き出す」ように表出するようなテーマであった。このように考えると，抽象的な思考が難しい知的障害児に比喩表現を教授する授業づくりの成否は，「言語と感情と生活の統一」を可能にする「言葉」を生徒に提示することができたかどうかにかかっているといえる。

　もちろん，この授業の教師たちは，こうした生徒のつぶやき（ネガティブな感情表現）を受け止めつつ，それを比喩表現に昇華させるべくやりとりを繰り返していた。生徒の自由にゆだねていたら，この生徒はネガティブな感情を自ら断ち切ることができないので，ある程度のところで教師が生徒のネガティブ連鎖を切断しなければ国語の授業に戻れなかっただろう。

　ただし，それは生活指導ということではなく，国語の授業として，生活の中から生じてくるどうしようもない感情からいったん離れることを促しているとも考えられる。つまり，国語で言語表現を高めていくことで，実生活から離れる思考ができるようになれば，生活の中で湧き上がる混融した思いを客観視する力を身につけ，揺れる感情を落ち着かせることへつなげることも可能となると考える。

　これは教科学習（国語）の第一義的な意義ではないが，国語における表現能力を高めることを通して生徒の生活を見つめ直す契機となるといった側面が含

第2章　教授学を支える学校文化とカリキュラム

まれているということを意味している。つまり，教科内容を習得（内化）するということは，そのことを通して生活においても自由な思考が可能となり，表現力として外化できるようになるといった教科指導と生活指導とが統一されることだと考える。

　この点に関連して，戦後の日本の教育方法学をリードした吉本は，「ただ，主観的な思いつきや，また，たんなる生活経験領域だけの話し合いなどであってはならない」と指摘している。そうではなく，「科学的探求への思考を誘発し合い，それにむかって相互にたかめ合うことのできるような協力的学習」を展開することが重要である（吉本, 1974, 92）[3]。

　こうした指摘をふまえて比喩表現の授業を振り返ると，単に「実生活」で経験したことを取り上げるといった経験主義的な教育では不十分である。そうではなく，生活の深いところにある気持ちとつながる言葉を取り上げ，それを表出した先につながる他者がいるといった学びの過程＝カリキュラムを創り出すことが，子どもの生活をも改変していく教科学習であるといえるのではないだろうか。

4. 子どもの学びの過程＝カリキュラムを創り出す教師の指導性

(1) 音楽の学びを創り出す授業展開

　以上のような生活と教科の結びつきは，芸術系の教科を指導する際にはもっと強く表れる。それは，芸術系の教科が，身体的な実感を伴うものであり，生活の中で身につけてきた感覚を表現として他者や社会に発信し，つながりをもつことが比較的容易な学習だからである。

　以下，筆者が参観した音楽の授業をもとに考えてみたい[4]。この授業は，比較的重度の知的障害児を含む生徒10名のグループで，歌唱指導の時間であった。まず，この授業では，ストレッチをするところから始まった。これは，歌唱においては心身ともに開放的になることが重要であるということから取り組まれていたものであった。素人目に見れば，音楽の時間にストレッチをすることは，一見すると関係のないことのようにも感じるが，声楽を専門に学んできたこの授業の担当の先生にお聞きしたところ，音楽の世界では比較的よくやる

ことのようであった。

　続いて，この授業では発声練習を行った。これは，音楽の時間であれば当然，行うことであると考えられるが，この授業はその方法が特徴的あった。まず，発声させるために口の形をつくるところから取り組んでいたが，そのとき教師は「あくび」をさせ，「大きな声を出して笑って」と指導していた。

　もちろん，これは「あくび」することで生徒に「口を大きく開ける」ということを意識させるためのものであったが，生徒たちはとても楽しそうに大きな口を開けていた。このあと，その口の形のまま「わっはっは」と笑い声を出すように指導し，発声につなげていた。

　さらに，笑い声のあとは教師がピアノでリズムをとりながら，音楽に合わせて「ぱ」や「た」「か」「ら」という音を発声する練習をした。この指導に関して，授業終了後に授業者に確認したところ，一般的に声楽の発声練習ではこうした音をあえて取り上げて出す練習をすることはあまりないということであった。しかし，この授業では「言語聴覚士の先生の研修を受けたときに，知的障害児にはこれらの音を発声することが苦手なことが多い」と聞いたことから取り入れているということであった。

　このように，音楽の授業の導入で「ストレッチ」と「発声練習」を行い，その後，歌唱の指導へと展開していった。歌唱の指導では，生徒が歌詞のイメージ（曲想）をもつことができるように，歌詞に関係しそうな写真をテレビ画面に映して，授業に参加している子ども全員で鑑賞した。このとき，知的障害のある子どもが曲のイメージに興味をもてるように「イメージ」をクイズにして考えさせていた。

　さらに，比較的重度の知的障害児の中には，音声言語のない生徒もいるため，教師は歌唱の時間にこうした生徒の授業参加を促すために，曲の最初や途中の区切りのところで楽器を鳴らして歌唱を盛り上げる役を与えていた。この生徒は，どこまで歌を意識しているかわからなかったが，とても楽しそうに楽器を鳴らしていた。また，周囲の子どももその生徒の合図をよく聞いていて，その生徒が奏でた楽器の音色が歌唱の一部になっていた。

第2章　教授学を支える学校文化とカリキュラム

(2) 文化と学びをつなぐ「身体」と「感情」

　以上に紹介した音楽の授業は，冒頭から約10分の様子を記述したにすぎない。しかし，そこには教師の意図（指導性）がとてもたくさん詰まっていた。すなわち，「音楽だから歌を歌う」というような単線的な学びがあるのではなく，「身体をほぐし」⇒「発声練習をして」⇒「歌を歌う」というように学びの流れをうまく教師が創り出していた。また，歌を歌う時間においても，一度みんなで斉唱したあと，「曲想をつくるためにイメージ・クイズをする」というように，学びのプロセスが意図的に仕組まれていた。

　そして，その中には「音楽・歌唱」の世界に入り込むための取り組みもあれば，知的障害児の苦手なところを意識した取り組みもあった。前者が教科の文化性であるならば，後者は「自立活動」ともいえる側面である。このように，「教える側」と「学ぶ側」を結び，子どもの学びの軌跡を多面的に描き，身体的にも，知的にも歌唱の理解と技能を確かなものにしていく授業であった。

　これは，授業づくりにおける教師の主導的立場を明確にすることでもある。すなわち，音楽のように子どもが興味や関心をもって学習に取り組むことができる授業においても，実は「子どもの自発的興味や欲求にもっぱら依存すべきなのかどうか」は問われるべきであるという考えと結びつく。これは，ピアノで音楽を奏でれば生徒は楽しく歌いだすというようなユートピア的な経験主義かつ児童中心主義から抜け出すことが重要であるということを意味している。そうではなく，子どもの学びは「周囲の現実と無関係ではなく，逆に，生活の諸条件や教育的指導と子どもとの相互関係の中で」確固たるものとなっていくのであり，そうした子どもの学びの過程を創り出す授業づくりが，「カリキュラムづくり」であると考えるべきではないだろうか[5]。

(3)「カリキュラム」という視点から見た自立活動の実践課題

　ここで，カリキュラムづくりと「自立活動」について言及しておきたい。自立活動は，「障害にもとづく学習上，生活上の困難」を改善・克服することをねらいにした教育活動であり，「教育活動全体を通じて行う」ものと，時間割の中に設定して定期的に指導する「時間における指導」があることは周知のとおりである。いうまでもなく，本節で紹介した音楽の授業で苦手な撥音指導を

取り入れるのは，前者の「教育活動全体を通じて行う」自立活動と位置づけられる。

しかし，音楽の授業を展開していた教師には明確に「自立活動＝障害の改善・克服」を実践しているという意識はあまりなかったと思われる。あくまでも，この授業を担当していた音楽の教師たちは，生徒が「歌を気持ちよく歌う」ことができるようになるために，苦手な発音でも発声練習に取り入れていたのだと考えられる。

本来，自立活動というものは，「障害」によって生じるさまざまな困難を取り出してことさら練習し，克服したり改善したりするものではなく，音楽という文化の中で夢中になって活動している中で知らないうちに苦手なことを克服・改善していたという形が自然であると考える。これは，自立活動で取り上げるべき「障害（学習上，生活上の困難）」というものを，他者や社会との関係において変化する「相対的なもの」であるととらえるのなら，なおさらのことである。そのため，時間における自立活動の内容と方法については十分に検討する必要があると考える。

もちろん，筆者は「時間における自立活動」を実施するべきではないということを主張したいのではない。自立活動を授業として実践するのであれば，苦手な課題を取り出し，それを授業の課題として取り上げ，学習させるのではなく（そうした取り組みは授業の成立要件を満たしていないと筆者は考えている），文化的活動が基盤になければならないということを強調したいのである。

そのため，自立活動の授業においては，教師の「ねらい」の中には「障害（学習上，生活上の困難）」があったとしても，子どもの側からすれば，みんなで楽しく，夢中になって学ぶうちに，知らないうちに教材世界の深いところに入り込み，「ディープでアクティブな学び」をしていたというように展開しなければならない。これが，カリキュラムづくりを支える教授・学習であると考える。

5. カリキュラムづくりを支える教師の指導力

以上のように，子どもの学びを成立させるポイントは，教材を深く理解する

こと（対象世界の深い理解），教材が子どもの生活の深いところで結びつくこと（子どもの成育史と実感）であった。そして，こうした結びつきを確かなものとするためには，教師の意図（指導性）が不可欠であった。

　本節から見えてきたことは，カリキュラムづくりの視点をもって，子どもの学びの軌跡を創り出そうとしたら，授業を綿密に設計しなければならないということである。ただし，授業を綿密に設計しても，子どもは別の学びをしていることがあり，常に子どもの思いや関わりを深く観察していなければならず，ときに授業を即興的に変化させていくことが求められる。こうしたカリキュラムづくりの考え方は，古くから指摘されてきたことであるが，新しい学習指導要領で求められている「主体的・対話的で深い学び」をふまえ，今こそ「カリキュラムづくり」という視点を明確に意識して，子どもの学びの軌跡を創り出す教師の指導技術の向上が求められていると考える。

[注]

(1) この授業については東京都立板橋特別支援学校の龍崎尚之先生の実践をもとに執筆した。

(2) この点については，古くは1960年代に発展した「教育科学」の知見でも同様に見られる。本節は，その中でも，駒林（1968, 69）を参考にした。

(3) 吉本は，思考を挑発する問題を探求する授業を展開するためには「子どもたちの能動性と感情性と人間関係」が重要であり，それを協力的学習と協同作業を通して組織していくと指摘している（吉本, 1974, 93）。

(4) この授業については東京都立板橋特別支援学校の入江未来先生の実践をもとに執筆した。

(5) 柴田は「子どもが全身全霊で学習に取り組んでくれるのが望ましいことは言うまでもない。だが，そのために教育は，子どもの自発的興味や意欲にもっぱら依存すべきなのかどうかが問題である」と述べ，児童中心主義の問題点を指摘している。そして，「大切なのは，子どもの発達における自己運動を重視しながら，それが周囲の現実と無関係に発生するのではなく，逆に生活の諸条件や教育的指導と子どもの相互関係のなかで発生する内的矛盾が，発達の原動力だと考えられている」と主張している（柴田, 2010b, 30-31）。

[文献]

・駒林邦男（1968）「ヴィゴツキー学派の発達論」. 勝田守一監修『思考と発達の構造』. 明治図書出版. 39-78.

・柴田義松（2010a）「教科課程の原理と構造」.『柴田義松教育著作集4　学科教育論』. 学文

社. 3-53.

・柴田義松（2010b）「児童中心カリキュラム」.『柴田義松教育著作集3　教育課程』. 学文社.
23-32.

・吉本均（1974）『訓育的教授の理論』. 明治図書出版.

（新井英靖）

第3節

教師の指導と応答的関係

1. 学びの連続性を意識する

　これまで，障害児教育の分野においても「遊び」を取り入れた授業が多く実践されてきている。しかし，その「遊び」の本質を理解せずに，ただ単純に子どもたちが興味・関心をもちやすくするために取り入れているだけにとどまっていないだろうか。

　2017（平成29）年に告示された「幼稚園教育要領」「保育所保育指針」「幼保連携型認定こども園教育・保育要領」においても，遊びを通して「知識及び技能の基礎」「思考力，判断力，表現力等の基礎」「学びに向かう力，人間性等」という，幼児期から小・中・高まで一貫して育てていきたい「資質，能力の三つの柱」が示された（無藤・汐見・砂上, 2017, 14）。しかし，小・中・高の教師たちは幼児期に何を学んでいるのかを言葉にして説明できるであろうか。幼稚園や保育所，こども園に見学に行き，小学校以上の教育の視点から子どもたちの遊びを見ても，その遊びを通して子どもたちが何を学び，何が育っているのかを理解することは困難であろう。

　2017（平成29）年に改訂された特別支援学校教育要領・学習指導要領においても，障害児たちの学びの場の柔軟な選択をふまえ，幼稚園，小・中・高等学校の教育課程との連続性が重視されるようになった。そのため，遊びを通して学ぶという幼児教育における遊びの意味を理解しなければ，教育課程の連続性は保障されないのである。

　本節では，幼児教育における遊びを通した学びとは何かを理解し，障害児教育にどのように遊びを取り入れ教授していく必要があるのかを整理する。

2. 学びの連続性における誤解

改訂された特別支援学校教育要領・学習指導要領においても,「幼児期の終わりまでに育ってほしい姿（10の姿）」（以下,「10の姿」）が示された。しかし,多くの教師が,この「10の姿」を,小学校就学までにすべての子どもたちに身についているものであると認識してしまう危険性がある。

この「10の姿」は5歳児の後半で,おそらくある程度できるであろうと予測される姿であり,5歳児の修了までに全員が完全にできるようになるという到達目標ではない。「10の姿」に示されている姿に向けて指導しましょうという方向を示す「方向目標」なのである。このように,小学校教育からは「到達目標」が設定され,幼児教育までは「方向目標」が設定されていることが相互理解を難しくさせているといえる。

幼児教育は小学校教育の準備や前倒しのための指導ではなく,「10の姿」に向かっていけるように指導されていることを理解したうえで,スタートカリキュラムを編成・実施していくことが求められるのである。そして,遊びを通して学ぶ幼児教育と授業などの学習を中心とした小学校以上の教育との相互理解を図るための共通の視点として「10の姿」があるということを理解しておく必要がある。

3.「遊び」の間違った認識

「遊び」といった際に,趣味やリフレッシュ,息抜きのためにするものというイメージをもつ場合が多い。小学校以上の教育現場においても同様であるといえる。なぜなら,子どもたちが「授業（学習の時間）」の間の休み時間にドッジボールをする姿を見て,教師は「遊んでいる」と認識しており,遊びを通して学んでいるとは認識しないからである。しかし,本当にそうなのであろうか。たとえば,ドッジボールをしている際に,ボールがコートの線（ライン）を出ていたか出ていなかったか,あるいは,ボールが服に当たったか当たっていなかったかを判断することが難しい状況の中では,友だちと意見を出し合い

第2章　教授学を支える学校文化とカリキュラム

ながら問題を解決しようとするだろう。それだけでなく，ドッジボールには投げ方や捕球の動作の習得，友だちと一緒に作戦を考えるなどのさまざまな学びが含まれているのである。そう考えるのであれば，体育の授業としてドッジボールをすることと変わりはないといえる。

　しかし，教師は体育の授業の単元としてドッジボールを指導するにもかかわらず，休憩時間のドッジボールの指導を行うことはしない。それはなぜだろうか。その理由は，「指導すべきドッジボール（体育の授業）」と「指導しなくてもよいドッジボール（休憩時間）」という形で明確に分けているからである。このドッジボールの例でいえば，体育で行うドッジボールでの学びと授業の間の休憩時間に行っているドッジボールにおける学びはつながっていると認識できているかどうかが問われるのである。

　ここで主張しておきたいことは，休憩時間に行っている遊びのドッジボールまで指導を行うべきということではなく，授業で行うドッジボールにおける学びと休憩時間に行っている学びがどのように違っており，どの部分が重なっているのかを正確に評価していくことが求められる。それが，遊びのドッジボールの学びと授業で行うドッジボールの学びをつないでいくためにどのような指導が必要となってくるかを考えるヒントになるのである。

　遊びのドッジボールにおいても体育の授業で学んだこと，たとえば，投げ方の工夫や作戦などを実施している姿を見ることができれば，知識・技能が身についていると評価できるであろう。それだけでなく，体育のドッジボールは嫌いだが，遊びのドッジボールは好きな子どももいるだろう。また，体育のドッジボールは嫌いだったけれど，遊びのドッジボールを何度も経験し，その楽しさを味わうことによって，体育のドッジボールに対する意欲が湧き，学びが深まるということもある。

　このように，生活と授業はぶつ切りではなく，連続体であるととらえなければならない。そして，休憩時間における遊びにおいても，子どもたちは何を学んでいるかを正確に評価し，遊びと授業を往還しながら学びを深めていくことが重要となるのである。

4. 遊びを評価する難しさ

　幼児教育において，子どもは遊びながら学んでいるということは周知の事実であるが，実際にそれを整理して言葉で説明することができない場合が多い。その理由は，遊びをどう評価するかが非常に難しいからである。たとえば，園庭でおままごとをしている場面で，幼児が9個の木の実を3人に分けるために，「1つ，1つ，1つ」と3枚の皿に1つずつ分ける。そして，再度，「1つ，1つ，1つ」と3枚の皿に1つずつ置く。もう一度これを繰り返すと，3つの皿に3個ずつ平等に分けることができる。この場面を見て，割り算は理解していないが，同じ数になるように分ける力が育ってきていることを読み取ることができ，おままごとという遊びを通して，「知識及び技能の基礎」が培われていることがわかる。それだけでなく，木の実を使ってお店屋さんを開くことになり，どのようなお店にするのか，ジュースのセットメニューも作ろうと，これまでの経験や知識を使って話し合うなど，「思考力，判断力，表現力等の基礎」が培われていることがわかる。

　一方，○○レンジャーごっこやアイドルごっこなどはどうだろうか。実際に，その子がヒーローになりきって悪者を倒している場面を見て，その子どもたちが何を学んでいるのか的確に答えることができる教師は少ないであろう。保育者がヒーローベルトを空き箱で作って一緒に遊ぼうとしていると，子どもたちが「ベルトのここが回るんだよ」「○○ライダーの目は紫だけど，パワーアップすると黄色になって，肩にも△△がくっつくんだよ」などと教えてくれる。つまり，子どもたちはそのヒーローの個々の違いの詳細などの本質をしっかりととらえており，さらに，もっと本物らしくしよう，もっと楽しくしたいという「学びに向かう力，人間性等」がしっかり育っていることが読み取れる。それだけでなく，○○ライダーになりきって表現することを楽しんでいる子もいる。

　このように遊びは，子どもたちにどのような力が身についているのか見えやすい部分と見えにくい部分を含んでいるだけでなく，同じようにごっこ遊びをしていても，個々で学んでいる内容に差異が生じてくるため，一定の到達目標

第2章　教授学を支える学校文化とカリキュラム

を基準に評価することが難しい。その理由は，遊びが幼児教育でいう「健康」「人間関係」「環境」「言葉」「表現」の5領域のすべてを含む活動だからである。そのため，この遊びは「言葉」の領域の遊び，というような分類をすることができないのである。

たとえるなら，遊びはスープのようなものといえるだろう。「砂糖」「醤油」「酒」「塩」「出汁」を合わせたスープを食べた際に，この甘みは「砂糖」によるものだと感じることはできても，純粋な「砂糖」だけを取り出して食べることはできない。子どもたちはスープを食べることによって，意識はしていないものの，「砂糖」「醤油」「酒」「塩」「出汁」を摂取しているのと同様に，遊ぶことによって，「健康」「人間関係」「環境」「言葉」「表現」の5領域を学んでいるのである。

遊びは5領域をすべて含む活動であるがゆえに，どのような視点から評価すればよいのか難しい一方で，5領域を含めて総合的な指導ができるのである。特別支援学校の小学部でいえば，日常生活の指導，遊びの指導，生活単元学習，作業学習など「各教科等を合わせた指導」としての教材となる可能性を秘めていると考えられる。

5. 遊びは指導するものか，援助するものか

障害児教育において，「指導」「支援」「援助」という用語をめぐってさまざまな指摘がなされているが，岡によると「指導」とは「子どもの学習行為に対する教師の働きかけを意味し，子どものやる気を引き出し方向付ける働きかけ」であり，「支援」とは「子ども1人1人に適切に対応すること」であり，「援助」とは「ソーシャル・サポートとしての援助の概念は『助ける教育』の意味である」と整理されている（岡, 2002, 89-90）。幼児教育においては，子どもたちを「指導する」のではなく「援助する」ことが一般的である。この背景には，指導をすることによって，子どもが受け身となり主体性が発揮されないという考えが影響している。

一方で，小川は保育における「指導」には「guidance」という英語を当てることができ，「援助」を表す言葉として「care」という英語を当てており，

62

「援助（care）」こそ本来の「指導」だと指摘している（小川, 2010, 3）。さらに，ここでいう援助とは，幼児に対して，どう関わることが可能なのかを見極めたうえ（幼児理解）で，子どもが望ましい状態に達してほしいという大人の願いをもって子どもに関わる（指導）ことであるとしている。援助は幼児理解をしたうえで，その動きを予測し，幼児への関わり（指導）をイメージすることを前提としている。そして，そのイメージづくり（予測）から指導案を作成するが，実際にはその予想から外れることは当然起こりうるのである。「したがってその日の実態や子どもの様子等から読み直して，自分のかかわり方の軌道修正が必要となる。それが，次の日の新たな予想を生み出すという，断えざる修正過程こそ，援助という仕事の本質なのである」としている（小川, 2010, 21）。

　そう考えるのであれば，障害児教育においても，たとえば，算数で数を扱う場合に，「数量に気づき，算数の学習に関心をもって取り組もうとする態度を養ってほしい」というねらい（大人の願い）をもち，あの子はアンパンマンが好き（子ども理解）だから，アンパンマンを使って数を数えるという関わり（指導）を行っており，指導案とのズレを修正しているとするならば，それは援助ととらえることができるのである。

6. 授業における指導に遊びを取り入れる意義

　障害児教育において，遊びを取り入れることは多いであろう。それでは，なぜ，遊びを取り入れるのであろうか。その理由の一つとして子どもが「楽しい」「楽しそう」と思うことができることが挙げられる。つまり，子どもが主体的に学ぶことを大切にしたいと思うからこそ，遊びを取り入れるのである。もう一つの理由として，体験を通して学ぶことができるからである。しかし，体験をするだけで，楽しかった，面白かったで終わってしまっては問題である。俗に言う「活動あって学びなし」になってしまうだろう。

　櫻井は遊び指導の原則において，障害の有無にかかわらず共通する部分として，①子どもにとって楽しいものであること，②自発的・能動的な活動であること，③発達に応じたものであること，④単発的ではなく，見通しをもった系統的なものであること，⑤広がりをもっていることであると述べている（櫻井,

第2章　教授学を支える学校文化とカリキュラム

2017, 108）。

　つまり，遊びは間口の広さと展開の広がりをもっていることが特徴であり，障害児にとってもいろいろな角度から学ぶことを可能にすることや，さまざまな教科にもつなげていくことを可能にするという特徴があるといえる。これまでに述べたように，遊びには5領域の「健康」「人間関係」「環境」「言葉」「表現」が含まれており，その5領域の内容を整理したものが「10の姿」なのである。したがって，「10の姿」から学びの連続性を意識しながら，遊びを取り入れていくことが求められる。

7. 遊びが学びになっていくためには

　障害児教育においても遊びは主に取り上げられる素材であり，廣瀬は生活文化や遊び文化と関連づけることにより，障害の重い子どもたちへの教育内容を構成することができると述べている（廣瀬, 2002, 52）ことからも，遊びが幼児期のみに限定されるものではなく，障害児教育において重要な教材となるのである。さらに廣瀬は「『遊び的指導』か『遊びの指導』かによって教材づくりのあり方が異なってくる」と述べており，教師が遊びを学習に導く遊び的指導（課題遊び）が生まれ，目指すべき課題が明確になっていれば，それは限りなく教科的領域に近づいていくはずであるとしている（廣瀬, 2002, 52）。つまり，遊びの楽しさを最大限に生かしながら，目標（ねらい）を明確に定めて学習を展開していくことが「遊び的指導」なのである。

　しかし，遊び的指導を考えるうえで整理しておくべきことがある。それは，幼児教育において遊びは「手段」ではなく「目的」だということである。たとえば，手先を使う経験をさせるために粘土遊びをするということは，「手段」といえる。保育の現場においてもこのように遊びを「手段」として取り入れていることが多く，小学校以上の教育現場において，遊びはねらいを達成するための「手段」と認識されている。それでは，遊びが「目的」となる場合はどのような場面なのであろうか。たとえば，おままごとや砂場遊び，鬼ごっこなど他の遊びが自由に選択できる中で，保育者が粘土で動物を作っている場面を見て，子どもたちが「面白そう」「僕もやってみたい」という意欲をもち，粘土

64

第3節　教師の指導と応答的関係

遊びを始める。そして，キリンの模様を小さくちぎった粘土を貼ることによって表現しようとしたり，動物園に遠足に行った際に見たゴリラを作ってみたりする中で，結果的に自然と手先を使う経験が蓄積されていくという遊びが「目的」となっている場面である。

　ここで，一つの疑問が湧いてくる。遊びを「目的」とするのであれば，そこでの学びは偶然性に委ねられることになり，指導をする際のねらいが達成できないのではないかということである。しかし，遊び的指導における「遊びの楽しさを最大限に生かす」ということは，遊びを「手段」ではなく「目的」としなければ，その効果は発揮できないといえる。それでは，どのように遊びを手段ではなく目的としながらも，ねらいを達成できるようにしていけばよいのだろうか。

　佐伯によれば，遊びと学びは渾然一体であり，子どもの世界では遊ぶことと学ぶことの区別はほとんどないという（佐伯, 2004, 201-202）。たとえば，夢中になって粘土遊びをしているときには「粘土をやらされている」という感覚はないであろう。つまり，子どもたちがその遊びを通して，活動にあこがれ，やってみたいと思えるような援助が必要なのである。そのため，できなくて自信をなくしてしまったりした場合に，その子どもの気持ちを受け入れたり，遊びの楽しさを伝えたり，夢中になって遊べるような環境を整える大人の役割が必要となるのである。

　このように幼児教育においても，環境構成を整えることによって子どもが自発的・能動的に遊ぶことが重要とされている。環境構成を整えるというのは，たとえば，保育者が園庭に出て紙飛行機を遠くまで飛ばしている姿を見て，子どもたちが「僕もやってみたい」と思えるような意欲を引き出すことがある。これは，保育者という人的環境が子どもたちに影響を与えているのである。そして，子どもたちが「やってみたい」と思ったときにすぐに折り紙で紙飛行機を作れるように，テラスに机と折り紙を置いておく。これが物的環境であり，テラスに机と折り紙を置いておくという工夫が環境構成を整えるということである。また，子どもたちが紙飛行機を作る遊びを通して，紙の折り方や素材，大きさによって飛び方が違うことに気づき，試すことができるように，折り紙だけでなく，チラシや新聞紙や厚紙なども一緒に並べておくのである。このよ

65

うに環境構成を整えることで，保育者が直接教えなくても，子どもたち自身で
遊びを発展させながら学びが深まっていくようにするのである。保育者が折り
紙の折り方を教えるような「直接的援助」に対して，このような環境構成を整
えることを「間接的援助」と呼んでいる。

　遊びが学びになっていくためには，この「間接的援助」をどのように取り入
れていくかが重要となってくる。

　この間接的援助によって，子どもたちがやらされているという受け身な姿勢
ではなく，面白い，楽しいと熱中できるようにしていくことで，主体的な学び
となっていくのである。それを可能にするために，教師はその遊びの面白さは
どこにあるのかということを把握する必要がある。たとえば，算数の授業とし
て，輪投げ遊びを取り入れることとする。授業であるがゆえに，ついつい，数
字への興味やお金の計算等に目が向いてしまう。それだけではなく，輪投げ遊
びの面白さとして，点数が低いものは比較的簡単に輪を入れることができる
が，点数が高いものはなかなか輪を入れることができない。つまり，低い点数
のものは簡単すぎてつまらないが，点数の高いものはちょっと難しいからこそ
面白いと感じるのである。

　同様に，輪投げの的までの距離を遠くすればするほど点数は高くなるが，そ
れだけ難度も上がってしまう。そこで，まずは一番近いところから投げてみ
て，少し練習することで輪が的に入るようになり，「入った」という達成感を
味わったり，近くにいる教師に「すごい」と認めてもらえたりすることで，次
はもう一段階遠くのところからやってみようという意欲が湧いてくる。こうし
て，やらされているという受け身ではなく，熱中する能動的な学びの姿勢がつ
くられる。そして，単純に「1」と「5」を比較して，5のほうが大きいとい
う知識を獲得するのではなく，「1点」を獲得する容易さと「5点」を獲得す
る難しさを経験することで，「1点」よりも「5点」を獲得するほうが難しかっ
たという体験が経験となり，「1」と「5」を比べた際に「5」のほうが大きい
と理解できる。教師がこの意味を理解せずに数の概念を意識させるために輪投
げをする授業を行っても，遊びを通した学びの効果は十分に発揮されないので
ある。

　加えて，自分でできそうだと思えるところから始めることができる，試すこ

66

とができるなど，自己選択，自己決定が保障されており，自由度が高いということも面白さの一つである。さらに，友だちが5点の的に入れることができた，一番遠くの線から的に入れることができた姿を見れば，自分もやってみたいという意欲が湧くだろうし，5点に入らなかったとしても，失敗してしまった自分を受け止めてくれる友だちや教師の存在により，できる，できないだけで判断するのではなく，成功した自分，失敗した自分，すべてをまるごと受け止めてもらえる心地よさを感じることによって，能力主義の考えから脱却し，多様な価値観を認め合える集団の基礎がつくられていくのである。そうなれば，友だちと一緒にやるからこそ楽しい，競争することが楽しいなど，面白さの要素も増えていくのである。

このように，教師がその遊びの面白さは何かを理解することにより，子どもの経験の意味を理解することができるようになる。当然，授業などの学びについて漫然と学習指導要領に沿って進めるのではなく，この単元の面白さは何か，この授業の面白い部分は何かというエッセンスを意識し，遊びが学びになっていくプロセスをつくっていくことが教師には求められる。

8. 応答的関係とは何か

遊びが学びになっていくためには「間接的援助」が重要であるが，「直接的援助」の重要性を否定するものではなく，むしろ，障害児教育においては，教師の主体性が重要となる。しかし，ここでいう教師の主体性とは一方的に指導することを意味しているのではない。教師も主体性を発揮し，子どもも主体性を発揮するという，相互主体的に関わる応答的な関係が求められるのである。上野は，大人が教育的影響力を及ぼす働き（「指導」）の原型を示す遊びとして，「イナイイナイバア」があるとしている。「イナイイナイバア」を最初に仕掛けるのは大人であり，「バア」のタイミングを子どもの様子を見ながらはかる大人と，「いまか，いまか」と待つ子どもとの間には，期待が共有されており，両者は呼応し高まっていき，やがて子どもから「バア」と催促してくることにもなるとしている（上野，1993，212-213）。

このように，大人が子どもの様子を見ながら，その状況に合わせて「バア」

第2章　教授学を支える学校文化とカリキュラム

のタイミングや発声を変化させ，子どもの反応を見て，次はもっとタイミング
を遅らせたほうが楽しめるだろうという予測をしながら修正していき，関わろ
うとする。そして，それに対して，子どもは必ず顔を見せてくれるという大人
への信頼関係を土台に待つことや見通しをもつことができるようになり，とき
には子どものほうから「バア」を要求するようになる。これは，大人側がイナ
イイナイバアを最初に仕掛けているにもかかわらず，子どもはその遊びを楽し
み，自発的に大人と関わろうとすることによって，お互いに向き合い，反応を
見ながら相互主体的に関わるという応答的関係が生まれるのである。つまり，
指導とは一方的な関わりを意味するのではなく，相互主体的に関わる応答的関
係が指導の本質なのである。その指導の本質である応答的関係が遊びを通すこ
とによって生まれやすくなるのである。

　障害児教育において，絵本による言葉の指導はよく行われている。しかし，
多くの場合は，子どもたちが絵本の登場人物の役割を演じてその心情を考えた
り読み取ったりしようとするが，そこに教師が一緒に入って演じることは少な
いだろう。それは，指導するためには全体を把握しなければいけないと考えて
いるからである。本当に参加しなくて指導ができるのであろうか。筆者は，子
どもの遊びを遠くから見ているだけでは援助（ここでは遊びの場面なので，「指導」
ではなく「援助」を用いる）を十分にできないと考えている。たとえば，校庭で
氷鬼をしているとしよう。その際に，鬼に捕まった子がルールを破って，他の
子にタッチされていないにもかかわらず逃げ始めた。当然，子どもたちはルー
ルを守らない子どもを非難する。それでも解決が難しい場合は教師に報告しに
来るだろう。そこで，客観的に見ていただけでは，「こんなときはどうしたら
よかったかな」「次はどうすればいいかな」という冷静な援助ができるだろう。

　しかし，教師も一緒に入って，真剣に氷鬼に参加していた場合はどうだろ
う。おそらく，絶対に全員捕まえてやると意気込んでいる鬼役の子どもの熱を
肌で感じることができるだろうし，そのような中でルールを破ってしまった子
への怒りも心から理解できるだろう。そうすると，冷静に「こんなときはどう
したらよかったかな」「次はどうすればいいかな」と諭すだけではなく，「それ
は許せないよね」と共感の気持ちが湧いてくるだろうし，それが子どもたちに
も伝わる。まさしく，一緒に遊んでいるからこそ，教師も子どももお互いにそ

68

の熱を感じることができ，状況を共有し当事者として相互主体的に関わっていくことができる。これが，応答的関係なのである。

そう考えるのであれば，絵本を題材にした言葉の指導においても，教師が一緒に役を演じて，当事者として子どもたちと一緒の目線で楽しむ必要がある。そして，その物語の面白さに子どもを巻き込むだけでなく，教師自身も子どもたちに巻き込まれていくという相互主体的な関わりによって応答的関係を築いていく。子どもたちがセリフをただ読み進めていくだけではなく，ときに教師がその役になりきって怒ったり，悲しんだりすることにより，その熱が子どもたちに伝わり，心を揺さぶるのである。子どもたちは心を揺さぶられることにより絵本の世界に入り込み，登場人物になりきることによって初めて心情について考えたり，理解したりするのである。

9. 関係性，集団性が高まるプロセスとは

障害児教育において，得意なことを生かすことや，「できない」ではなく「できる」に着目することの重要性は教育現場においても十分に認知されてきている。しかし，それを強調していくと，いつしか能力主義に行き着くのではないだろうか。できなかったからといって自分をすべて否定されているわけではないという，自分を認める力，自分を受け入れる力を子どもの中に育てていく必要がある。当然，失敗することでパニックになってしまう子もいるが，教師や他児がそれを見て，少しの失敗も許せないのだと受け止め，理解してくれることで，少しずつ自分を受け止める力を育てることにつながっていくのである。つまり，自分を認めるためには，それを受け止め認めてくれる仲間が必要となる。

たとえば，運動は苦手だけれど，絵を描くのは好きというように，自分の得意な部分に着目しながら自分の苦手な部分も一緒に受け止めていき，得意なことだけでなく苦手な部分も仲間が認めてくれることで関係性も高まっていくのである。こうした段階を経て，できない部分も受け止めてもらい，それぞれの違いを認めながら，支えてもらわなければできない部分，支えてあげられる部分などが組み合わさって集団性が高まっていくのである。

第2章　教授学を支える学校文化とカリキュラム

　障害児に限らず，子どもは集団の中で育つといわれており，一人ひとりを大切にした指導の重要性は疑う余地がないであろう。しかし，集団は，一人ひとりの個人が集まった2〜3人の小グループの集まりともとらえることができる。つまり，個人の集まりの小グループがあり，その小グループが集まって集団となるのである。当然，小グループを構成するのは個人なので，その一人ひとりを丁寧に受け止め指導していくことは絶対条件であるが，それだけでは十分ではなく，その次の段階の小グループをどのように育てていくかが集団性を高めるために意識しなければならない部分である。

　たとえば，図画工作で，大きな紙に道路だけが描かれており，一人ひとりがそこに家や店などを描き加えていく「わたしたちのまちづくり」という授業において，最初からクラス全員で行うのではなく，グループごとに小さなまちをつくり，それを最後に持ち寄って大きなまちをつくるように工夫するのである。

　そうすることで，2〜3人のグループであれば自然とお互いを意識し，関わりが生まれてくるだろうし，それぞれの特徴にも気づくことができるのである。その中で当然，いざこざやもめごとが起きるが，それをなくそうとすればいいというものではない。教師がいざこざやもめごとが起こらないように先回りしてしまうと，いざこざやもめごとを経験しないことになってしまう。いざこざやもめごとは子どもたちが自分を主張している場面であり，他児の思いや考えに気づいたり，自分とのズレを認識したりする機会であり，成長，発達の機会でもある。その違いやズレを納得できるように教師も当事者となって応答的な関係を築きながら，子どもたちが関係を調整しようと試行錯誤することで関係性が高まっていくのである。

　そして，その2〜3人のグループが集まり集団となっていく。そこで，その小グループの中で共通認識であったことが，集団となったときにグループ間のズレとして浮かび上がってくるのである。そうなれば，今度はグループ同士で関係を調整しようと試行錯誤する。そのような集団の中で個人やグループの意見を取り入れながらいざこざやもめごとをくぐり，違いやズレを意識することでお互いを理解しよう，受け入れることはできないながらも受け止めようとする，そして，楽しさを共有するということが絡み合って集団性が高まっていく

70

のである。教師は，障害児に限らず，子どもたちがこのようないざこざやもめごとの意味づけと価値づけを行い，間接的援助も取り入れながら，必要な経験ができるように授業を組み立てていくことが求められる。

[文献]

・上野ひろ美（1993）『発達の「場」をつくる──まなざしで向かい合う保育』. 高文堂出版社.
・岡輝彦（2002）「授業の展開と教師の指導・支援・援助」. 湯浅恭正・冨永光昭編著『障害児の教授学入門』. コレール社. 88-96.
・小川博久（2010）『保育援助論』. 萌文書林.
・佐伯胖（2004）『「わかり方」の探究──思索と行動の原点』. 小学館.
・櫻井貴大（2017）「遊び指導の原則」. 小川英彦編『ポケット判　保育士・幼稚園教諭のための障害児保育キーワード100』. 福村出版. 108-109.
・廣瀬信雄（2002）「教材の虚構性と本物性」. 湯浅恭正・冨永光昭編著『障害児の教授学入門』. コレール社. 52-58.
・無藤隆・汐見稔幸・砂上史子（2017）『ここがポイント！ 3法令ガイドブック──新しい「幼稚園教育要領」「保育所保育指針」「幼保連携型認定こども園教育・保育要領」の理解のために』. フレーベル館. 14.

（櫻井貴大）

第3章

授業成立の教授学

第1節

子どもから始まる教授学を打ち立てる

1. 子どもから始まる教授学という視点

　本章では，授業が成立すること，学びの過程が進むこと，そして一人の子ども の中に人類がこれまで築き上げてきた人間の文化——人間はこんなときどう 考えて，どう行動すればよいのかという，いわば人間の知恵——をどのように して身につけていくのか，に注意が向けられる。それは次の2点で考察される。

1. 子どもが主体である，とはどういうことか。——子どもを一人前の人間 として尊敬・尊重すること。
2. 発達していこうとする子どもと大人の価値観や都合でつくられる教育課 程の間に矛盾が生じる。

　上記の2点が実際の教育の場面でどのように現れるのか，教師の立場から振 り返ってみよう。

(1) 大人の考えは，子どもの考えによって点検される

　障害のある子どもたちにとっての授業が，大人からの一方的な行動修正で あったり，大人からの指示・強制であったり，大人が用意した特定のスキルの 練習であったり，個人別スキル・トレーニングであったりしているうちは，授 業は成立していない。

　子どもたちが，自分のしたいことをしたい，と思いつつも教師のしているこ ともやってみたいと思うような関係が前提にあって，初めて授業が成立する。 授業が子どもという主体と教師という主体，子どもの集団的な思考と教師の媒 介的な思考が対等な関係となっていなければ，そもそも授業にはならない。

　教師にとっては一方向的な方法のほうが，一コマの授業をこなしやすいのであ

る。教師が自分で計画し，時間配分し，段取りをつけ，予定した範囲の教材を用意し，内容を説明し，伝える。はたしてそれは，授業といえるだろうか。否である。今述べたことすべては，子どもによって，子どもの集団的思考によって挑戦を受け，点検され，必要なところは覆されなければならない。その過程こそ，授業であり，これらの過程を経て子どもたちの思考は，さらに新たに形成され，以前の状態が新しくつくり変えられるのである。これが，子どもの学びの核心である。

(2) もう一つの別の考えを教師に教える子どもたち

就学前の子どもたちは，自分の思うように行動したいし，自分の好きなように学びたがっている。自分自身の中にあるカリキュラムに従おうとする。それは「勝手に」遊んでいるように見えるときである。

一方，教師は，意図して子どもに教えようとすることをもって授業に臨む。はじめから教えようとする内容を与えてしまう。それは大人の価値観で選抜した教育内容を主な要素としている。

この子どもたちと教師でつくられる2つの教授＝学習過程のさまざまな中間的経過が示されるときが「授業」の過程である。以下では，就学前後の時期と小学部から中学部にかけての時期について，子どもから始まる教授学のエピソードを拾い集めてみよう。

2. 就学前後の時期における子ども観

就学前後の子どもたちは心身ともに成長発達の著しい時期であり，この時期の経験や学習，人間関係による安心感を基礎として，その後の児童期や青年期をよりよく生きようとする。この時期の子どもたちは，この瞬間，瞬間を精一杯に生きている。こうした子どもたちの姿と大人との関わりについて，巡回相談で出会ったAくん（2歳），Bくん（4歳），Cちゃん（6歳），Eくん（3歳）から子ども像のとらえ直しをしてみたい。

(1) 安心して自分らしさ（わがまま）が発揮できる，大人との関係性

Aくんは活発な，もうすぐ3歳になる男の子である。Aくんの動きはすば

やく，公園や地域の子育て支援センター，近くのデパートに買い物へ行くとお母さんの手をふりほどいてあっという間に走っていってしまう。Aくんのお母さんは，日頃から車にぶつからないかとひやひやしている。Aくんの行動に「どうしたらよいものか」とお母さんが相談にやってきた。一緒に相談室に来たAくんは，室内のソファから窓辺へと行ったり来たりして落ち着かない様子である。お母さんが「A，そっちは行かないよ」「お母さんのところへおいで」と呼ぶと，お母さんのほうをちらっと見ては，ニコッとしてまた走っていってしまう。お母さんは「ほかの子はお母さんと手をつないで落ち着いて歩いているのに，Aは片時も目が離せない。Aと呼ぶけれど，ほとんど戻ってこなくて疲れてしまう」と悩みを語った。

　子どもは周囲の親しい大人と「こころの絆」をつくりながら成長していく。特に乳幼児期には愛着関係がつくれるかということが，子どものこころの安定には大切である。Aくんは，お母さんが呼ぶとちらっとお母さんのほうを見て，その存在を確認するや否や走っていってしまうため，お母さんは追いかけて抱っこすることになり，「子育てって大変」と悩んでいる。一方でAくんにとってのお母さんは，何かあったらすぐに来てくれる安心できる場所として愛着の対象となっている。Aくんがお母さんの姿を確認すると安心して走っていく姿からは，Aくんとお母さんの間にしっかりとした愛着関係が結ばれていることがわかる。この愛着関係はAくんにとってこころの糧となり，情緒の安定や好奇心，探究心につながっている。お母さんはAくんとの関係に悩んでいるが，実はAくんにとってお母さんはすでに安心できる対象になっているのである。そのうえで，安心した範囲から，外の世界に強く興味・関心を広げているこの時期の姿が，「戻ってこない」状態ととらえられているのではないだろうか。大人は何でも自分の思いどおりにしてくれる子どもの姿を願い，子どもは広い世界を知りたがっている。

(2) 子どもには子どもなりの素敵な世界が広がっている

　次にBくんの事例から「子どもの世界」について見ていきたい。Bくんは保育園に通う4歳の男の子である。Bくんには知的な遅れがあり，また人と目がなかなか合わない。Bくんは自由保育から一斉保育の時間になると，保育室

第1節　子どもから始まる教授学を打ち立てる

をあとにふらふらと廊下へ出ていく。加配の保育者は，「Bくんもみんなと一緒に折り紙しようよ」と声をかけるが，Bくんは事務室から調理室，そこから0歳児の保育室へと園舎の中を歩き回る。歩き回るBくんを無理に保育室にとどめようとすると泣いてパニックになるため，「どうしたらよいものか……」と保育者は思案していた。ある日，Bくんがふらふらと外へ出歩くのを保育者は押しとどめず一緒に歩いてみることにした。Bくんは職員室へ行くと事務の先生から「あらBくん，こんにちは。今日は何をしているの」と声をかけられ，調理室へ行くと「Bくん，今日はそぼろご飯だよ。もうちょっとでできるからね」と調理員から声をかけられる。その後，廊下へ出て園庭を見つめるBくん。次にBくんが0歳児の保育室へ行くと，0歳児の保育者は「Bお兄ちゃんがきたね」と0歳児の子どもたちに語りかける。Bくんは0歳児の保育室で座り込み，ボールを触って過ごしている。こうしてBくんについてきた担当の保育者は，Bくんがいろいろな人から声をかけられ，Bくんの世界や居場所が広がっていることを知った。

　保育者はBくんがいろいろな場所，そしていろいろな人と関わりがあることに気づく。それらはBくんを受け入れて，Bくんにとって安心できる居場所になっている。また周囲の大人がそれぞれに声をかけており，Bくんにとっては居心地のよいつながりになっている。また，園庭を眺めているBくんは，今までの関わりを一度振り返ったうえで新たな関わりに向かっている姿ともいえる。このような居場所があることは，園全体がBくんを温かく見守っていることを意味し，無目的に歩き回っているかのようなBくんの行動には，こうした場所や人とのつながりを楽しみ，そしてBくんの世界を今広げている大切な環境のようにも見える。Bくんの行動は，子どもの世界を広げ，また積極的に関わろうとする一つの段階かもしれない。

　この点については，Cちゃんの事例からもわかる。Cちゃんはもうすぐ小学校に進級する6歳児。Cちゃんには軽度の知的な遅れがあるため，みんなと一緒の活動には一歩遅れながらも，まわりを見ながら行動をしている。そのようなCちゃんにみんなは「Cちゃん，次はクレヨンとのりを持ってくるんだよ」「Cちゃん，お弁当の時間だから手を洗いにいこう」と手を引っ張って手伝ってくれる。Cちゃんも静かにそれについていくので，保育者はまわりの友だち

77

とCちゃんとの関係を温かいまなざしで見つめていた。ある日の異年齢保育の場面で、Cちゃんが3歳児クラスのDちゃんと一緒に積み木遊びをする様子が見られた。Cちゃんは「こうなんだよ」「お家」と3歳のDちゃんに見せるかのように伝えていた。Cちゃんは優しくDちゃんに教えるように、Dちゃんのペースで「ねっ，お家」と話しかけている。保育者はそのCちゃんの姿を見て「Cちゃんもお姉さんになりたかったのかもしれない。自分も教えてあげられるようになりたかったのかもしれない」と感じた。

　まわりの子どもたちは，同じクラスの友だちとしてどのような子でも受け入れようとする素地をもっている。それは，これまで保育者がどの子どもも大切に受け入れてきた姿を子どもたちが見て体験してきたためである。Cちゃんもクラスの友だちから受け入れられクラスの一員となっている。しかしCちゃんの成長にとっては，もう一歩進んで「自分でできるようになりたい」「お姉さんになりたい」という気持ちがあったのかもしれない。子どもにとって自分でできることは誇りや自信にもつながる。また誰かの支えになりたいという気持ちは，まわりの友だちだけでなくCちゃんにとっても成長の一歩につながる。早くお姉さんになりたい，自分でできることを見せたいという子どもの気持ちに気づき，そうした場面をつくっていくことが大切ではないだろうか。

(3) 自分なりの思いをもっていながら，大人の要望に応えようとしている

　3歳になるEくんは自閉傾向がある。夏になると衣服をすべて脱いで，水遊びをするのが大好きである。保育室内や園庭の水場で素っ裸になると，床に寝そべったりそのまま絵本を読んだりして過ごしている。「Eくん，パンツはこうよ」と保育者が伝えると，Eくんは「E，パンツはかない！」とパンツには見向きもしない。「このパンツはかっこいいよ，車もついているよ〜」と見せても，絵本に目を落としたままである。「なんでいやなの？」と聞くが，「いやなの！」の一点張りである。そうしたEくんと保育者のやりとりは30分ほど続き，はかせようとしてもEくんはからだをそらせて頑なにはかない。お互いに汗がしたたり落ちながら，Eくんは泣きそうな顔をして「はかない！」とやはり頑なである。そこにF先生がやってきて「Eくん，この車のパンツと，恐竜のついているパンツどっちがいい？」と聞くと，「どっちもいや！」，「じゃ

あ，車のパンツと白いパンツどっちがいい？」と聞いても，「どっちもいや！」，さらに「じゃあ，白いパンツのこれと，こっちならどっちがいい？」と聞いたところ，ようやくEくんは「これにする」とパンツを選んで自分からはいたのである。それは「E」という名前が書いていない，真っ白のパンツである。大人には名前の有無など気にならないが，EくんにはEくんなりの思いがあったのである。3歳の子どもも，自分なりの思いをもっている。こうした思いに気づかず，大人側の都合を優先してしまうことがあるが，子どもの「いや！」とつきあいながら，子どもの「これにする」を見つける過程が，子ども理解につながるのではないだろうか。

　これまでの事例から，就学前後の子どもたちは周囲の大人や保育者，そして同じ子どもたちとの関わりによって世界を広げていく。その中で自分の思いを受け止められ，受け入れられるという心地よい経験は，他者に対する安心感や自分の力に対する自信を深めていく糧となる。こうした関係に支えられて，日々の楽しさを感じ，生き生きと自分らしさを発揮しながら生活している。子どもの「自分でやってみたい」という意欲は「自分はできる」という自己肯定感につながり，子どもの探索活動を広げ，学びを深めるきっかけとなる。このように子どもの思いや細かなサインを感じることで，保育者は子ども理解が深まり保育活動が豊かに展開できるようになる。この時期の子どもたちは，大人が思っているよりも早く一人前になろうとしているのかもしれない。

（以上，手塚知子）

3. 小学部から中学部にかけての子ども観

　ここでは学校現場での実践を通して，子どもは本当は何を伝えようとしたのか，小学部のF男と中学部J男との関わりを子どもの側からの問いかけととらえ直し，記してみたい。

(1) 子どもは話したがっている——小学部5年のF男との関わりの中から
　子どもが大人（教師）に関わりたい，何かを話したいという瞬間はいつ訪れ

第3章　授業成立の教授学

るかわからない。子どもには，伝えたいと思う瞬間があり，何かわかったとき
に突然話し始めるということがある。教師が連絡帳を書いているとき，何かを
読んでいるとき，片づけで手が離せないとき，さまざまな事情（会議，書類作
成，自分自身の生活等）で疲れているときなど，教師にとって都合の悪いときで
もその瞬間が訪れることはある。教師が用意周到に意気込んで聴きたいと思っ
ているときこそ子どもは話さない，という場面に遭遇することが多い。子ども
が話す場面は教師が計画した授業に限定されることではない。しかし，教師は
教師の都合のよいときにだけ聴こうとする。そんな大人の都合にむしろ合わせ
ているのは子どものほうである。本当は，話したいと思っていても，大人の都
合で先延ばししたり，話すのをあきらめたりしていることもある。

(2) 子どもには精一杯の考えがある

　小学部5年生の学級では6年生への卒業祝いに色紙を書くことになった。卒
業という言葉の意味について筆者から話をした後，「6年生のG男くん，H男
くんにメッセージを書こう」と紙を配った。F男はすぐに書かずに考えている
ようだった。筆者は「G男くんに何と言いたい？」「H男くんとはどんなこと
があったかな？」などと声をかける。するとF男は『G男ありがとう　ブロッ
コリー』『H男ありがとう』と書いた。学級のI子が「なんでG男くんにはブ
ロッコリーなの？」と言う。「言わな〜い」とF男は答える。筆者は「そんな
ことを書いたらG男くんはなんて思う？　G男くんのお父さん，お母さんは
なんて思う？」と諭すように言った。するとF男は，「じゃあ，もう書かねぇ
よ！」と紙をゴミ箱に捨てたのである。しばらくして筆者が「なんでブロッコ
リーなの？」と聞くと，「だって，あいつと遊ぶときは（G男くんのことを）
ブロッコリーって言ってるんだもん」とF男は言う。筆者は，「G男くんにメッ
セージを書こう」と言ったが，その言葉には，メッセージをG男くんだけで
なくG男くんの家族も読むということを大人から見た当たり前の意味として
内包していた。しかし，F男の世界は，F男とG男だけであり，G男の背景の
家族は見えていない。子どもと大人の世界にズレがあったのである。子ども
は子どもの世界の中で，G男にいつもの言葉でメッセージを書いたことに気づ
かされた。そこで筆者は「そうか，いつも遊んでたものね。先生は一つ言わな

かったことがあるんだ。色紙を渡すということは，お家に持って帰るね。お家の人も見るということなんだ。言わなくてごめんね」と伝えた。すると，F男は『G男くんありがとう。またあそぼう』と書き直し，筆者のもとへと持ってきたのである。

　かつての子どもである大人と，子どもとの間には見方にズレがある。大人から見た世界を子どもに押しつけていることはないだろうか。「書かねぇよ！」とゴミ箱に捨てたF男の姿は，「困ったこと」「まずいこと」という問題行動や修正の対象ではなく，そんなズレに気づかせてくれる，大人への問題提起である。かつての子どもである教師（大人）に子どもとは何かを気づかせてくれる瞬間であったと考える。その意味で，子どもの生きている世界の現実から立ち上げる教育が必要である。

（3）子どもは友だちと教師と一緒に学びたがっている
──中学部3年間のJ男との関わりの中から

　中学部に入学したころのJ男はプリントや紙に文字や絵を描くことを強く拒んだ。プリントが配られるとすぐに破っていた。「そんなことをしなくても大丈夫，やりたくないんだね」と筆者が話すと，今度はプリントで箱を折るようになった。ある日「やりたくないことはわかったから，机にだけは置かせてよ」と筆者が言うと，「やりたくないんじゃないんだ！　こんなもの！」と叫んだ。ではなぜやらないのか。理由を聞いてもJ男は語らなかった。J男は，その後，プリントを机上に置くことを許したが，決して書こうとしなかった。筆者ら教師たちは“書字に困難がある”と考えて，文字スタンプで文字を綴ることを提案した。するとJ男はプリントのすべての欄に「こめ」と書いてケラケラ笑っている。しかし，J男が紙に文字や絵を描いたときがある。以下にその代表的な場面を記述し，J男が問いかけていたことは何かを考えたい。

①教師の腕に描いた「ダイコン」

　J男が1年生のときのことである。美術の授業で「ダイコン」の絵を描く活動をした。J男はいつものように，画用紙を机の上に置いたまま，机と距離をとって座り「描かないよ」と言う。N先生とのやりとりで「N先生の腕がダイコンみたいだ」と盛り上がった。そこでN先生は「先生の腕を本物のダイ

コンにしてよ」と言う。するとしばらく考えてからＪ男は，首の青みまで鮮やかに表現したダイコンをＮ先生の腕に描くのである。筆者ら教師たちは，先生との会話の楽しさや雰囲気がＪ男の意欲を喚起したと考えていた。

②クロスワードパズル

Ｊ男が２年生のときのことである。ある地方紙の「子ども新聞」にクロスワードパズルがあり，筆者は別の生徒の教材としてそのプリントを用意していた。Ｊ男はそのプリントに興味を示し，筆者の横でつぶやきながら解き始めた。「一枚あげるよ」と筆者がＪ男に渡すと，Ｊ男は休み時間中考えていた。しばらくたったある日，「できたよ」とＪ男が筆者のもとへプリントを持ってきた。クロスワードパズルの枠内に文字が書いてあり，解読された暗号も書かれていた。「クロスワードパズルだったらやる？」と聞くと「うん」と言う。以降，Ｊ男が２年生の間，筆者はＪ男のプリントをすべて選択肢付きのクロスワードパズル形式にした。筆者ら教師たちは，遊び的な感覚がＪ男には大切だと考えた。

③地図帳に書いた「あかいけ」

山梨県の富士五湖に幻の湖と呼ばれる「赤池」がある。大雨で増水した精進湖から地下でつながっている窪地に水がしみ出し，６つ目の「湖」が出現するのである。社会科の授業でＯ先生から「本当は富士六湖なんだよ」という話があり，「何が？」とＪ男は興味津々である。その授業に参加していた筆者も，赤池が出現する原理について理解が曖昧であったため，Ｊ男とさまざまな予想をし合った後，図鑑でその原理をＪ男と確かめ，学んだ。Ｊ男は学習活動のまとめとして配られた（クロスワードパズル形式の）プリントの選択肢の「ふじごこ」を訂正し，さらに解答欄の枠を一つ追加して「ふじろっこ」と書くのである。そして，地図帳の精進湖の隣に「あかいけ」とペンで書いた。筆者ら教師たちは，Ｊ男は本当は学びたいと思っているのではないかと考え始めた。

Ｊ男が本当に伝えたかったこと，教師に問うていたことは何か。上記の代表的な場面から考えてみよう。「ダイコン」は教師の腕に描いたのであり，教師は家に帰るまでに腕を洗い，絵は消えるのである。廊下に飾られたり，他者から一方的な評価を受けたりすることはない。「クロスワードパズル」は，縦と横のカギが重ならないと成立しない。つまり間違っていることを自分で発見で

きるのである。教師から「ここが違うよ」と言われることもない。「富士六湖」「赤池」は，J男自身が自分で確かめたことであり，クロスワードのような枠がなくても書けるのである。J男は本当は学びたがっていた。しかし，J男のこれまでの事情，背負ってきた歴史が書くということを簡単にさせなかったのであろう。J男は教師に見られることを嫌がり，間違いを指摘されると暴力的になることもあった。教師にクロスワードを見せる際にも何度も入念に確認するのである。J男が問いかけてきたことは何か。それは〇かレ（×）で簡単に片づけられることではないこと，子どもは大人から一方的に評価される存在ではないということである。大人がなにげなくする「レ」は，子どもにとってはそれまでの思考過程や経験，さらにいうならば自分の存在までも一瞬にして否定されることを意味する。本当は，子どもは教師と一緒になって学びたがっている。一方的な教え込みや，〇やレで示される大人からの基準を超えて，人類が何千年もかけて築き上げてきた文化を友だちや教師と一緒に追体験したがっているのである。

④子どもは学級のためにひと肌脱ぎたいと思っている

　J男が2年生のときのことである。学園祭で「アリス・イン・ワンダーランド」の劇をやることになった。前年度の劇「北風と太陽」では，キャストとして舞台に立つことを拒み続けたが，家族が見に来るということで，一瞬だけ登場して風音機を回し，「北風の音」を表現するということで参加した。筆者ら教師たちは淡い期待を抱き，今年は劇にキャストとして登場してみようかとJ男を誘う。J男は「そんなものやらないよ」と語気を強める。劇の練習の時間になっても教室で一人，脚を組み座り続けている。学級の友だちが休み時間にセリフの練習をしたり，給食の時間は劇の話でもちきりになったりすることが多くなった。J男は黙ってその話を聴いていた。ときにはその内容を聴いて笑っていたり，「それでその後どうした？」と詳しく状況を聴こうとしたりした。

　筆者ら教師たちはJ男と一緒に劇をやりたくないかと他の生徒に投げかけ，他の生徒も賛同した。そこで，練習場所を教室に移し，J男に劇を見せようということになった。J男はじっとその様子を見ていた。給食中話していた場面はここか！と納得したしたような笑みを浮かべる。K男が「J男くんもやろう

第3章　授業成立の教授学

よ」と言うが「やらないよ，そんなもの」と柔和な笑みは一変鋭くなり，その発言に学級が凍りつく雰囲気となった。Ｋ男は「やらないってさ……」と肩を落とす。Ｐ先生が機転を利かせ「演出に何か足りない気がする。ダンスの場面だから派手にしたい。何かない？」と話題を変える。するとＬ男やＭ子が，あるアニメの場面をイメージとしてもち出してきた。それにはスポットライトやミラーボウルが必要になることに気づく。「これがあるといいんだけど」「買おうよ」「先生作ってよ」と，さまざまな意見が飛び交った。「先生たちで相談させて」ということで，その場は終息した。

　全体練習が体育館で始まったある日，Ｊ男はいつものように椅子に座ったままであった。が，突然「スポットライトはどうなった？」と聞くのである。筆者は「実は先生が作ることになったんだけど，どうしようか困ってるんだ」と応じた。Ｊ男は黙っていたが，「手作りスポットライト」「手作りミラーボウル」のインターネット検索画像を見せると足をパタパタさせるのである。Ｊ男がワクワクしたときのサインだった。「一緒にやるか？」「うん」即答だった。そこから大道具作りが始まった。完成すると学級の友だちから歓声があがった。次の練習からＪ男は，大道具係兼演出担当として，拒んでいた舞台にも上がり，友だちのダンスや演技を照らすのだった。Ｊ男は「そんなもの」と言って学級の雰囲気を凍りつかせたが，本当は学級のためにひと肌脱ぎたいと思っていたのだ。それはキャストとしての出演ではなかったが，彼の手先の器用さが学級のためになったのである。Ｊ男の「大道具作り」は，大道具を作るだけでなく，彼の存在を作ったのである。

⑤子どもには「あこがれ」がある

　Ｊ男は一貫して「体育」の授業に参加しなかった。彼がこれまで背負ってきた歴史がそうさせているのだろう。２年生のときの「バスケットボール」では，劇での例をふまえて，「彼の手の加わった愛着のある物」「仲間の存在」が彼を動かすだろうと教師たちは考え，授業計画した。バスケットボールのゴール作り，友だちからの誘いなどを取り入れ，単元を展開したのである。しかし，Ｊ男はゴールを制作したが，体育館へ運ぶだけで決してプレーをしようとはしなかった。

　しかし，一度だけ彼が単元全体を通して参加した体育の授業がある。卒業を

84

第1節　子どもから始まる教授学を打ち立てる

目前に控えた3年生の3学期に行った「剣道」である。これは授業参観で見せることになっていた。J男はこれまで，授業参観など家族が来る行事には，必ず参加していた。そこにはお父さんの存在がある。父親は自営業で一家の大黒柱的な存在であり，これまでもJ男に厳しく接してきたことを彼から聴いていた。筆者ら教師たちはJ男にとってお父さんは怖い存在だと考えていた。筆者はそんなJ男に「配慮」して当日までの参加の仕方を相談し，段取りを組む。しかし，J男は単元の初日から参加するのである。しかも，これまで一貫して体育館へ行くことを拒み，たとえ行ったとしても土足で上がっていたJ男が，入り口で裸足になり，凛と正座をしている。筆者は喜びと同時に一抹の不安を覚えていた。友だちとトラブルになり，「もう，やらないよ，そんなもの」とまた彼の体育の授業や体育館への歴史に負の一ページを刻むことを。その瞬間は間もなく訪れた。K男との対戦で激しい打ち合いになり，そして最後にはK男を殴った。P先生がその場を止め，殴るのは禁止であることを伝える。するとJ男は「そんなことは知ってる」と声を荒らげる。P先生が「どうした？」と事情を聞くと「K男がのどを突いたんだ。のどを突くのは剣道では禁止だ」と言う。そのとおりだったが，筆者はJ男がなぜそのことを知っているのか気になった。P先生は「そのとおりです。のどを突くのは反則です。でも，先生がそのことを言ってなかったね。J男くんありがとう。K男くん言ってなくてごめんね」と伝えた。K男は「すまなかった」と握手を求め，J男もそれに応じた。

　J男の父親は毎日学校に彼を送迎してくれる。この出来事を担任である筆者は「お父さん，怒らないでください」と，彼がK男を殴ったことを一方的に父親に怒られないように「配慮した」言葉をつけて父親に伝えた。「ははっ。そうですか。実は，私は剣道をやってましてね。いつかJ男にそんなこと（反則のこと）話したかな」と父親は言うのである。J男にとって，お父さんは怖い存在であり，ときに理不尽なことも言う。しかし，毎日送迎をしてくれ，大雪の日は歩いて迎えに来てくれる。手先が器用でバイクだって車だって修理できる。おいしい食べ物も知っている。そんな姿をすべて総合して「お父さん」と見ているのである。筆者は専門家の顔をしてお父さんのマイナスな部分だけを見ていたのである。J男にとって父親は身近な存在であり，何よりのあこが

85

第3章　授業成立の教授学

れになっていたのである。あの剣道の授業は，そんなお父さんに少しでも近づ
けた，またはお父さんになった瞬間でもあったのであろう。子どもはそんなあ
こがれを胸に秘めている。

4.「子どもから始める」ことの意味

　これまで述べてきたように，いろいろな年齢段階において子どもたちの姿は
多様であるといえるが，共通していることがある。それは周囲の大人から「一
人前」の人間として認められたいと思っている子どもたちの気持ちである。
　多くの名高い教育者は，「子どもを一人前の人間として尊敬・尊重すること」
を説いている。保育，教育において子どもを尊敬するとは，どのようなことで
あろうか。それは，年齢が高くなり社会に出る直前になった高等部の生徒たち
を「〜さん」と呼ぶこと，社会的なマナーの学習や大人らしい服装や化粧の仕
方を教えることを意味しているのではないだろう。大人になったことを自覚し
ている高等部生に立場や役割を課し，大人扱いすることが子どもを尊敬するこ
とだろうか……。
　子どもを尊敬・尊重するとは，もっと早期の年齢段階から始まっているべき
ことなのである。保育，教育の個々の場面において，大人から子どもに与え
る，指示する，押しつける，強制するといったことは，しばしば行われてい
る。いつも言うことを聞かされる場に子どもは置かれやすい。指示の対象で
あったり，返答を求められる対象であったり，行動を修正させられる対象で
あったりする。
　特別支援教育の場で上記のような例はよく見られ，当然のこととして行われ
ている光景である。
　子どもを一人の人間として尊敬・尊重するとは，
　(1) 子どもには自分なりの事情があること
　(2) 子どもには自分なりの考えがあること
　(3) 子どもには自分なりのしたいことがあること
　(4) 子どもは自分なりに努力しようとしていること
　(5) 子どもは自分なりに人の役に立ちたいと思っていること

第1節　子どもから始まる教授学を打ち立てる

　以上のようなことを認め，対等の人間として向き合い，対話しようとすること，そしてそれをできる限り早い年齢期からするように大人が努めること，である。

　子どもなりに考えて，行動した結果を，頭ごなしに叱責してはならない。子どもの気持ちや話を，よく聴こうとしなければならない。

　本節で述べた子ども像が示しているのは以上のような大人への訴えである。とりわけ，中学部から高等部にかけての子どもたちについていえば，日々間近で見ている大人（教師）たちを大人の見本として見ているし，あこがれも感じ，嫌悪も感じているだろう。どんなに言葉で生徒たちに注意を与えたところで彼らの行動はそう簡単には変化しない。自覚できていないからである。一方，なにげなく先生たちがしている行動は，言わなくても子どもたちのモデルになっている場合がある。むしろ，子どもたちは大人たちの「人格」を見ているし，そのことが中学部から高等部にかけての生徒たちの主な関心事であり，行動の手がかりとなっているのであろう。

　子どもと創る授業を成立させるとは，発達する主体である子どもの行動から，本人の思いや考えを聴くことであり，子どもの考えによって大人の教育方法を点検することである。それは，子どもから始まる教授学の第一歩である。

（以上，佐野友俊）

第2節

学ぶ楽しさのある集団学習

1. 集団学習が子どもの世界を広げる

　特別な支援を要する子どもたちへの指導において，私が常に大切にしてきたのは，子どもたちにとって本当にわかる（＝腑に落ちる）ということ，つまり，単なる知識としての学習ではなく，その内容が生活の中で生かせる学びを保障することでなければならないということである。

　特に，言語指導においては，子どもたちが言葉を豊かに獲得し，生活の主体者として自分の思いや考えを自分の心から発する主体的な言葉として使うことができるようになることを目指してきた。言葉の発達に遅れがあると，その弱さに着目するあまり，個別指導を中心とした言葉を教え込もうとする指導も多く見受けられる。しかし，そのような指導の仕方で本当に生きる力となる言葉の獲得が可能になるのだろうか。子どもが主体的に言葉を使うのは，自分のまわりの人々との良好な関係性やコミュニケーション活動が保障されて初めて実現されるものである。だからこそ，集団づくりは重要な視点だと考えている。

　また，「障害特性に応じた教育」では，自立活動が重視され，個別の指導計画に一人ひとりの自立活動の目標が設定される。そして，その目標達成のために個別での指導が実施されることも多い。確かに，子どもの実態により個別対応をしなければならない内容もあるが，「人間関係の形成」や「コミュニケーション」等に弱さを抱えている自閉症児にとって，それらの内容を学ぶ場には集団を保障した授業づくりが大切だと思う。赤木（2008）が提起している「障害特性に応じつつ，障害特性をこえていく教育」を進めるうえでは集団づくり（つまり，子どもたちが仲間とともに学び合う場）や居場所づくりが大変重要な教師の役割であると考えている。

　自閉症の子どもたちを含めた知的障害児への教科指導では，個に応じた個別学習の形態をとることが多いが，社会性に弱さを抱えている子どもたちだから

こそ，学習集団を保障し，友だちとの関わりの中で教材と出会い，達成感や満足感を味わわせることが大切である。また，学びの場が単に知識・理解を促し，知識量を増やすことを目標とするのではなく，学んだことが一人ひとりの生活の中で生かせるような学びであったり，目の前に広がる世界の見方や感じ方の変容を促すような学びであったりすることを指導の目標にできる教師でなければならないと思う。

　学習が終わった後も，子どもたちの心に学びの余韻が残るような実践を積み重ねていくこと，つまり，非日常の学習が日常の生活とつながった学習に転換されるような学びを子どもたちに体験させることで，子どもたちの世界は確実に広がり，豊かな生活になっていくはずである。そのような学びは，間違いなく子どもたちが学ぶ楽しさやわかる喜びを実感できるものなのである。そして，一人ではなく友だちとともに学ぶことで，自分の居場所を確認できたり，友だちのよさに気づいたりする中で，自尊感情を高めたり，小集団の中での適切なふるまい方を獲得することもできるようになるのである。

　以上のことを《事例1》で考えてみたい。

《事例1》詩「かいだん」の学習から (せきねえいいち作『続・小学校朗読・群読テキスト BEST50』民衆社)……知的障害児 11 名による一斉学習

　自閉症児を含む小学部4年生11名による詩の授業で，「かいだん」状に表記されている視覚的にも面白さのある教材を扱った事例である。詩を，身体表現を加えながら音読したり，群読したりしながら詩のもつリズムの面白さを体感する学習を中心に行った。集団での学習活動を通して，子どもたちは階段を上り下りするリズムと詩のリズムが一致していることに気づき，その面白さに浸ると，いつも利用している階段を見る目が変わったのである。学習後，「だんかいだん　かいだんだん……」と詩のフレーズを口ずさみながら階段を上り下りする子どもたちの姿も見られた。具体的な生活とつながったのである。まさに，学習内容が子どもたちの心に言葉の面白さの余韻として残ったエピソードといえる。11名で行うダイナミックな学習を経験することで，子どもの生活に変化が見られた。集団学習を通じて，子どもの世界が広がったのである。学習集団を保障した授業づくりの大切さを実感した事例の一つである。

2. 教師と子どもの関係性を問い直す

　授業において教師がなすべきことは，単なる知識の伝達ではない。教師が学習内容を教え，子どもは教えられるという関係（主体―客体関係）の授業では，「できる」「できない」の視点で評価されることになる。このような関係性での学習が繰り返されれば，知的障害児教育における学習指導においては，必然的にわかりやすいスキルの獲得のための学習内容が教師主体で進められることになり，適応主義的な指導に陥ってしまいがちである。はたして，教師と子どもがそのような関係性の中で取り組む学習において，本当に生きて働く力となりうる学びが獲得できるのだろうか。

　私たち教師は学習を通して子どもたちに何を教えればいいのだろうか。私の実践の中心軸は，「教えたいこと」と「学びたいこと」の統一である。教師が教えるべき内容が子どもたちにとって学びたくなるような内容であることを目指して教材研究を行い，教材開発を試みたり，教師集団で何度も話し合いを重ねて授業過程を工夫したりしてきた。そのような取り組みの中で明確になってきたことは，教師と子どもがともに学びを共有できる関係（主体―主体関係）をつくることが大切だということである。教師と子どもがともに学習内容に向かう共同の関係での学習においては，「できる」だけではなく，「できた！」「わかった！」という学ぶ喜びや新しい課題に向かおうとする力や，他の学習や生活の中で生かせる発展的な力を育てることが可能になるのである。

　以上のことをふまえ，《事例2》をもとにして授業づくりの指針となるものを意味づけたい。

《事例2》「きょうはみんなでクマがりだ」の学習から（マイケル・ローゼン再話）
①教科・領域のコラボレーション

　教科学習に生活単元学習，校外学習のコラボレーションにより，体験活動や疑似体験活動を通して教材の世界観を追体験できるような指導を試みた。
＊言葉の指導（全11時間）

　第一次（声をそろえて読もう）／第二次（場面ごとに読もう）／第三次（全体を通

第2節　学ぶ楽しさのある集団学習

川渡り体験

吹雪の体験

ほら穴体験

クマの製作

して読もう）
*生活単元学習（全8時間）
　第2場面（川を渡る体験活動）／第3場面（沼地の疑似体験活動）／第5場面（吹雪の疑似体験活動），第6場面（ほら穴に入る疑似体験活動および活動に使用する教材のクマの製作）
*校外学習（全8時間）
　第1場面（草原を通り抜ける体験活動）／第4場面（森の中を通り抜ける体験活動）

②**文化と出会う教材**
　「教えたいこと」を「学びたいこと」にどのように移し替えていくかを考えるとき，教材とどのような形で出会わせればよいかが授業研究の中心になる。本教材は，子どもたちにとっては経験することのない非日常的な内容なのだ

91

第3章　授業成立の教授学

が，各場面で効果的に使われているリフレインの部分が，楽しく音読できる作品である。また，オノマトペの部分は，文字が次第に大きく表示されるなど視覚的に工夫されており，お話の世界が十分理解できにくい自閉症児にとっても内容がとらえやすくなっている。自閉症児の特性（視覚優位）を生かしながら他の知的障害児と一緒に集団での学習活動を通じてストーリーを理解することができる。

③生活と結びつく指導

　教科指導の時間だけでなく，生活単元学習の時間や校外学習の機会を利用して，実際に友だちや教師と一緒に川を渡ったり，薄暗い森の中をイメージしながら歩いたりする体験活動を通じて，言葉のもつ意味や雰囲気，登場人物の気持ちなどを追体験できるようにした。また，リフレインの部分は単に音読をするのではなく，身振りを付けながら群読をすることで，友だちと心を一つにして活動する心地よさや楽しさを味わうことができるようにした。

3. 知識の種を生きて働く力につなげるために（2つのカリキュラムを編む）

　特別支援学校においては，発達段階にかなりの個人差が認められる学習集団での教科指導（「ことば・かず」として実施）を実践してきた。小学部における教科指導は個別の指導計画に基づき，教科の系統性や教材の順序性を考慮した個別課題学習が主な学習形態となっている。小集団による教科指導を実践し始めたころは，発達段階の高い子どもに適した指導方法だと認識している教員も多く，重度の知的障害児や自閉症児には個別指導がよりよい指導方法だと指摘されたこともあった。確かに，子どもの実態に応じた個別指導では，教師が達成可能として提示した学習課題ができるようになるのだが，教師との一対一による学習を通して子どもは何を学ぶのだろう。子どもは学校で「できること」（知識）だけを学習することでいいのだろうか。

　学生時代に，授業における2つのカリキュラムについて学んだことを思い出す。顕在カリキュラム（フォーマルカリキュラム）と隠れたカリキュラム（ヒドゥンカリキュラム）である。学習のねらいを確実に達成していくためにどのような授業プロセスを実施するかということ（顕在カリキュラム）と，学習内容をど

92

のような集団の中でどのような方法で獲得させていくかということ（隠れたカリキュラム）が，授業づくりをしていくときに大変重要な点である。教師は授業を構想していくときに，この2つのカリキュラム内容を巧みに編み上げていかなければいけない。

　子どもの「できること」を増やし，生きて働く力となるように願い，教師が顕在カリキュラムに沿ってさまざまな取り組みを行えば，確実に知識量は増える。そして，獲得したその力は子どもたちの生きる力の種になる。しかし，その知識の種を生長させ，やがてその子の色の花を開花させるためには，種の生長を支える環境がとても重要な要素となる。

　多様な人間関係を生み出す集団の中では，教師も子どももともに学ぶ主体者となり，「できること」「わかること」を増やすことができる。また，集団の中で繰り広げられる子ども同士のダイナミックな関わりを通じて，子どもたちは人間関係づくりや人格的な成長を伴いながら「できること」を増やすことができる。これは，学習集団を保障することで可能となる隠れたカリキュラムだと思う。このように，集団学習を子どもの社会的な成長に影響を及ぼすような授業づくりの重要な視点としてとらえることが，単なる知識（点）を学び方（線）でつなぎ，より強いネットワークとして生きて働く力を育成することになる。それこそが，学習と生活がつながるということなのではないか。

　以上のことを《事例3》で考えてみたい。その根底にあるものは，「期待感を生み出す場づくり」という授業方針である。この指針の意味を①②で述べていく。

《事例3》文字の学習から

①学習の仕方をキャッチフレーズ（○○の心得）にして，子どもにも学び方がわかりやすくする。授業のはじめに全員で読み上げてから活動に入ることで，これから行う活動への意識づけができるだけでなく，学習への期待感も得ることができる。発語のない子どもには，項目の言葉を録音したVOCAを使用することで，友だちと一緒に唱える活動に参加することができるように配慮した。また，「3. えがおで」の項目は思い思いの笑顔の表情をしながら唱えられるように，教師が率先して笑顔の表情を子どもたちに見せるよう

第3章　授業成立の教授学

〈例〉

群読の心得
1. 大きな声で
2. 友だちといっしょに
3. えがおで
4. はっきりと

もじもじの心得
1. ていねいに
2. よく見て
3. とめて
4. はねて
5. げんきに

にした。

②集団学習における評価の工夫として，「すてきカード」を利用している。授業の中で教師が「できたね！」とか「いいね！」といった言葉で子どもたちの活動を評価していくが，このようなほめ言葉は教師から子どもへの一方通行の評価でしかない。だが，「すてき！」という言葉は，教師からだけでなくともに学ぶ友だちからもかけてもらえるほめ言葉である。言ったほうも言われたほうも思わずにっこりしてしまう。このカードを提示すると，子どもたちのやる気を引き出すことができる。学習に対する評価は，「できる・できない」だけでなく，発達段階に応じた参加の仕方や発想の豊かさを子どもにわかりやすい形で提示することが大切だと思う。この「すてき！」という言葉は，教室の中が笑顔でいっぱいになる魔法の言葉として，子どもたちもよく使う言葉となっている。友だちとともに学ぶ楽しさをしっかり味わえる学習の場づくりには欠かせないものとなっている。

4. 子どもの「差異」を生かした授業づくり──「強さ」を生かす学び

　学習集団での学習を実践するにあたっての課題は，子どもたちの多様な面での「差異」をどのように生かしながら楽しく学べる学習活動を仕組んでいくかということである。持ち味の違う子どもたちが共通の教材に出会う中で，互いに関わり合い模倣したり，評価し合う活動を通じて社会性を伸ばしていくことができる授業づくりを構想するときには，個々の子どもの弱さの部分だけでなく，強い部分（得意な部分）を強く意識し，それを生かした支援を心がけていくことが大切である。

　学習レディネスという点での差異については，学習活動（読み，書き，計算等）

94

の内容の個別化や評価基準の個別化に配慮するが，基本的には学習活動は小集団による学習形態をとる。子どもたちの差異を授業の中での人間関係を成立させる糸口（きっかけづくり）にすることで，互いに相手を意識したり，友だちのよさに気づいたりする場を設定することができ，まさに「みんなちがって，みんないい」（金子みすゞ）という楽しく豊かな学習空間が成立すると思う。

以上のことを《事例4》で考えてみたい。

《事例4》「ごきげんのわるいコックさん」(まついのりこ作・絵，童心社)の学習から
①**授業への願い**

小学部5年生の8名（うち4名が自閉症児）で，発達段階にはかなり個人差が認められる学習集団を対象に教科指導を行った。教科の系統性や順序性を考慮し，友だちとともに学ぶ楽しさを味わいながら「できる」ようになることを目指した。人との関わりが苦手な自閉症児だが，彼らも友だちとともに学習を楽しんだり競い合ったりでき

「ごきげんのわるいコックさん」

る力をもっている。だからこそ，友だちと一緒に「わかる」ことの楽しさや喜びを実感（体験）しながら「できる」ようになってほしいと願って授業に取り組んだ。

②**子ども同士の学び合いを仕組む**
＊教師の発問の意味がわかり自分の意見が出せる児童が活躍できる場面を工夫する

第1・第7場面　コックさんの表情を積極的に模倣できる子どもに発表の場を与え，表情づくりの見本を示す役割を担ってもらうことで，苦手な子どもの表情づくりにつながった。自閉症児には，友だちの表情に注目できるような助言を行い，その子なりの表情づくりを促すことができた。

＊やりとり遊びのモデルを生き生きとやって見せられる児童が活躍できる場面を工夫する

第3章　授業成立の教授学

「むにゅ　むにゅ」

「カチン　カチン」

「後ろ向きのコックさん」

「にこにこコックさん」

第3・第4場面　「むにゅ　むにゅ」（第3），「カチン　カチン」（第4）といった音の面白さがわかる子どもは，積極的に自分の頬を触ったり顔を硬直させるようなしぐさをしたりし始めるので，すかさず指名し，他の子どもにそのしぐさを模倣させて動作化してもらう。この場面は，表情だけでなく手を使うなどの動作が入るので，一斉学習への参加が難しい子どもにも，教師とともに動作化をすることが可能となった。

＊重度の児童にも活躍できる場面を工夫する

第6・第7場面　第6場面から第7場面では，後ろ向きのコックさんが肩を叩かれて振り向くと笑顔になるというお話の展開があるのだが，その場面の動作化で重度の子どもを参加させることにした。はじめのうちは教師に促されて友だちの肩を叩いていた子どもが，何度か繰り返していくうちに自分の行動の意味に気づき（叩くと友だちが振り向いて笑ってくれる），教師の促しがなくて

も自分からコックさん役の友だちの肩をトントンする様子が見られるようになった。

「大きなキャンディ」

|第10場面| 第10場面では，重度な子どもにもコックさん役の役割演技に参加させ，大きなキャンディの絵にラミネートして貼り付けたキャンディをコックさんになって紙芝居の紙面から取り，ペロペロなめるという活動を取り入れてみた。他の友だちの様子を見て，重度な子どももキャンディを紙面から剥がし取る動作を行うことができた。これは集団学習だからこそ実現した子ども同士の学び合いだといえる。

③児童参加型の授業を可能にする指導の工夫
＊想像力を育む教材
　本教材は，ストーリー展開や各場面の絵がシンプルで，自閉症児や重度な知的障害児でも，内容がわかりやすいものである。そのため，子どもたちの空想力や想像力を膨らませたり，体験活動を通して登場人物の気持ちを考えることもできるものである。また，登場人物の様子や気持ちを，畳語（たとえば，むにゅむにゅやプンプン等）などを使って想像しやすく工夫されており，子どもたちに日本語の面白さや音読することの楽しさ，人に気持ちを伝えることの喜びを実感することのできる教材である。このように，子どもたちの実態を配慮し，どの子も参加できる学習を展開するためには，どのような教材を選択するかということも大切な視点である。

＊「わかる」を支える繰り返し学習
　学習のパターン化を図り，どの子も見通しをもって学習に参加できるように，学習過程や学習内容，指導過程等を段階的に進めていく。子どもたちの「わかる」を確実なものにするためには，学習課題を明確に意識して「できる」ことを増やし，「わかった！」を実感させる必要がある。そのためには，学習内容を発展的に繰り返す学習を展開することが重要である。そのような繰り返し学習は，受動的な活動になりがちな子どもたちに積極的な学習への参加態度

第3章　授業成立の教授学

が見られるようになると同時に，新しい学習課題や少し難しいと思える課題に
も臆することなく自ら挑戦しようとする気持ちも芽生えてくる。教師は，子ど
もたちの自己発達を信じて十分な実態把握に基づいた学習課題を設定し，学習
内容を少しずつ拡がりのあるものにしていくことが大事である。

＊心弾ませる動作化

　知的障害児にとって身体活動に存分に浸る経験は大切な学習である。身体を
動かすことにより，外界の不思議に触れたり発見したりして学習はスタートす
る。言葉の学習を通して，子どもたちは自分のまわりの新しい世界と自分との
関係を築き上げながら，自分の思いを表現できる豊かな言葉を確実に獲得して
いくことができる。学習の中で動作化を取り入れることで，言葉のイメージや
意味を明確に感じ取ることができる。友だちと一緒に場面の様子を動作化する
ことで，ともに表現する楽しさや喜びを感じたり，心を弾ませたりする経験が
できる。その経験こそが，子どもたちの生活の充実につながると思う。

5. 子どもの自立と授業づくり

　集団学習に注目した授業づくりは，障害のある子どもの自立につながるもの
でなければならない。最初にも指摘したように自閉症児への「障害特性に応じ
た教育」を考えるときにも，集団の意義をふまえた授業が子どもの自立につな
がると考えるからである。一方，特別支援教育では「自立活動」という指導の
領域がある。

　この領域に即した授業を考えるとともに，たとえば，教科指導においても自
立活動の内容との関連を重視した授業づくりが大切ではないだろうか。社会性
に弱さを抱えている自閉症児の主体的な学習活動を可能にするためには，授業
における質の高い人間関係（教師と子ども，子ども同士）を形成することが大切
であり，言葉や身体表現で交わったり，関わったりする関係性を教師は意図的
に仕組んでいかなければならない。自閉症児にとっては，そのような学習環境
の中でこそ，心理的安定の基盤が形成されるものだと思う。また，同一教材異
目的追求の学習のように，学習集団において個人差を生かしつつ学習課題に向
かって学びを共有する体験を通じて，友だちと一緒に「わかる」（腑に落ちる）

98

第2節　学ぶ楽しさのある集団学習

喜びを実感できることは，社会性やコミュニケーション力を高めることにつながる。自閉症児が，人間関係づくりや人格的な成長を伴いながら「できること」を増やすためには，自立活動の内容を意識した教科指導の授業づくりを模索していくことが大変重要である。

　以上のことを《事例5》で考えてみたい。

《事例5》「わたしたちの　雨のうたを　つくろう」の学習から

　本事例は，「ことば」の時間の一斉学習（詩の群読を取り扱った教材）の場面で，「人間関係の形成」や「コミュニケーション」に関わる学習活動を展開することで，自立活動の内容を意識した教科指導における指導方法の工夫に取り組んだものである。詩の群読や創作活動を取り上げることで，詩のもつ文化性（リズムの面白さや修辞法の面白さ，視点〈発想〉の面白さ）を教材として児童に出会わせ，学習集団の中で友だちと一緒に読んだり動作化したりする場を繰り返し経験させた。また，詩人のものの見方に触れることで，自分のまわりの出来事をもう一度見直させるきっかけづくりをするとともに，自閉症等の知的障害児の「人間関係を形成する力」や「コミュニケーション能力」を高められるように児童の意欲的な活動を促しながら，友だちや教師など他者への主体的な関わりにつながるよう配慮した。

①子どもの実態（自立活動の個別指導課題）

児童	2. 心理的な安定	3. 人間関係の形成	4. 環境の把握	5. 身体の動き	6. コミュニケーション
A		(4)	(2)	(1) (5)	(2) (3)
B	(1) (2)	(1) (4)	(1)	(3) (5)	(2) (5)
C	(1) (2)	(1)		(5)	(1) (2) (3)
D	(2)	(1) (2) (4)	(1)	(1) (3)	(1) (2) (3)
E	(1) (2)	(1)	(5)	(1) (3) (5)	(1)
F	(1)	(1)		(5)	(2)
G	(2)	(1)		(1)	(1)

注　：（　）内の数字は，特別支援学校学習指導要領解説（自立活動編）に記されている項目番号を表している。
　　　たとえば，「3. 人間関係の形成」の欄にある (1) とは，「他者とのかかわりの基礎に関すること」を指す。

　上表のA〜Gの7名の子どもたちに共通している内容は，「3. 人間関係の形成」(1) (2) (4) の項目と「6. コミュニケーション」(1) (2) (3) (5) の項目

である。また,「2. 心理的な安定」(1)(2)の項目を指導課題とする児童である。これらの項目の指導については,「4. 指導方法の創意工夫」で「個々の児童又は生徒の実態に応じた具体的な指導方法を創意工夫し, 意欲的な活動を促すようにするものとする」(『特別支援学校教育要領・学習指導要領解説 自立活動編(幼稚部・小学部・中学部)』の p.120 より)と示されている。

②学習活動の工夫と授業づくり

　一斉学習や個別学習に児童が情緒の安定した状態で取り組めるような学習活動の工夫は不可欠である。特に, 発語のない重度な自閉症児に詩教材とどのように出会わせるかは, 学習集団の学習環境にも大きな影響を与えるため, 一斉学習の場面では, 友だちの動きを模倣したり, 具体的な活動（彼らの生活に即した内容）を通して楽しい雰囲気の中で学習に取り組めるよう配慮した。

　群読する詩は, 子どもたちの生活に密着した季節の様子を表現したものを取り上げ, オノマトペの創作活動に興味がもてるよう, 実際に雨の日に屋外で雨の音を聞いたり, 雨の降る様子を観察したりすることで, 一人ひとりの感性が引き出せるようにした。また, ほとんどの児童が「4. 環境の把握」や「5. 身体の動き」の内容について配慮を要するので, 学習活動の中に必ず動作化を取り入れることで体を動かしながら言葉の面白さを感じ取れるように工夫した。前に出て自分の創作したオノマトペを発表する際には, 表現活動を楽しめるように右図のような"雨つぶくんなりきり衣装"を身につけさせた。お面をつけることに抵抗のある自閉症児もこの活動には積極的に取り組むことができた。

　一斉学習と個別学習を組み合わせた1時間の授業で学習課題に取り組むとき, ともすると子どもの意識が途切れがちになる。そのため, 個別学習の課題は, 一斉学習で取り上げた内容を児童の発達段階に応じて提示し, 取り組ませるようにした。以下, 集団学習における一斉学習と個別学習の関連を示す。

"雨つぶくんなりきり衣装"

第2節　学ぶ楽しさのある集団学習

《例》一斉学習の課題

　全員で詩の群読をした後，"雨つぶくんなりきり衣装"をつけて，自分が作った雨の音（オノマトペ）をみんなの前で発表する。

〈発語のない児童——99頁表のB・D児の個別課題〉

　雨の降る場所を表す絵の色塗りを指導者と一緒に行う。

〈創作活動のできる児童——99頁表のA・E・F児の課題〉

　3人で自分の創作した内容を紹介し合い，表現や発想の面白いところを見つけ合う。

〈自閉傾向の強い児童——99頁表のC・G児の課題〉

　交互読みの練習を行い，「友だちと一緒に読む」ということを意識した活動を行う。

　最後に，子どもたちの自立を促す授業だからこそ，教師や仲間とともに学ぶ楽しさを味わう視点を強く意識した授業づくりが求められていると思う。人との関係性の中で主体的に自立を志向する子どもたちに寄り添っていける教師でありたいと思っている。

［付記］

　本節の《事例1》は，下記文献のうち，上岡（2011）および難波・原田（2014），《事例2》および《事例4》は難波・原田（2014），《事例3》はNPO法人家庭科教育研究者連盟（2015）に掲載したものに本書の趣旨に沿って加筆修正したものである。

［文献］

・赤木和重（2008）「自閉症における『障害特性に応じた教育』再考：障害特性に応じつつ，障害特性をこえていく教育へ」『障害者問題研究』第36巻第3号. 180-188.
・上岡一世編（2011）『自閉症教育の実践研究』第20号. 28-29.
・NPO法人家庭科教育研究者連盟（2015）『家教連　家庭科研究』第323号. 24-29.
・難波博孝・原田大介編［浜本純逸監修］（2014）『特別支援教育と国語教育をつなぐ　ことばの授業づくりハンドブック』. 渓水社. 20-38.

（高井和美）

第4章

授業構想の教授学

第1節

教材文化の教授学

1. 学びの価値を突き詰めない傾向

　今日，学びの価値を突き詰めない傾向が学校現場に見られる。多様な要因が考えられるが，一つには「スタンダード化」の問題が挙げられる。さまざまな自治体単位あるいは学校単位で「授業スタンダード」「教員スタンダード」が提示され実践されている。この「スタンダード化」に象徴的なように，授業内容や指導方法，教師としてのあり方までをも厳しく規定化することで学校としての指導の統一性を図ろうとする動向がある。こうした動向は，「スタンダード化」の名のもとに教育のマニュアル化，画一化が進められようとしていることを意味する。

　確かに，経験年数の少ない若手教員が，自分自身の実践を組み立てていこうとするときに，何らかのマニュアルや指導方法に依拠したいと切実に考える時期もあるだろう。しかし，長期にわたって指導マニュアルに依拠し続けるのではなく，いったんはマニュアルを参考にするけれども，やがては指導マニュアルから離れて，日々の教育実践における子どもとのやりとりの中で試行錯誤し，目の前の子どもに応じた指導内容や指導方法を検討するということにシフトしていかなければならない。

　教師たちは，授業実践に関する先行研究から学ぶことや，教育実践記録の分析・検討をすることを通して教師としての専門性と力量を創造的に高めていくことを積み上げてきたし，教育学研究をはじめとして民間教育研究団体もその重要性を明らかにしてきた。

　しかしながら「スタンダード化」の動向は，教師たちがスタンダードから外れることを許さず，教師たちから教育実践を検討する，つまり，考えるという行為そのものを奪っていくのである。当然，教師だけではなく子どもたちもスタンダードから外れることは許されず，スタンダードとして決められたことを

第1節　教材文化の教授学

決められたようにこなすことが求められている。

　スタンダード化が突き詰められていくと教師や子どもは，学校における学習のあり方や生活の仕方など，その内容（価値）を吟味し，考えることを通して新たなものをつくり出していく力そのものが剝奪されていくだろう。

　もう一つには，教育課程の基準としての学習指導要領の今日的問題が挙げられる。2017年版学習指導要領は，これまでの学習指導要領が全体として「何を教えるのか」という観点を中心に組み立てられていたことを指摘し，そこにとどまらずに「どのように学ぶか」という「主体的・対話的で深い学び」の実現を示した。さらに，その結果として「何ができるようになるのか」という点が強調されているのが特徴である。

　特別支援学校学習指導要領についても同様に，障害のある子どもに対して「何ができるようになるのか」「どのように学ぶのか」等が共通して明示されている。

　学校における教育課程の基準を定めるのが学習指導要領であるのは周知のとおりである。2017年版学習指導要領は，「子供たちの多様で質の高い学びを引き出すことができるよう，子どもたちが身につける資質・能力や学ぶ内容など，学校教育における学習の全体像を分かりやすく見渡せる『学びの地図』」（中央教育審議会, 2016, 1）としての役割を果たすことが期待されている。

　「学びの地図」として示された2017年版学習指導要領について，その「目標」「内容」「内容の取扱い」について確認していくと，従来の学習指導要領よりも細かく具体的に記載されていることがわかる。とりわけ，各教科「内容」の項目では，身につけるべき「知識及び技能」，および「思考力，判断力，表現力等」が詳細に示され，同様に「内容の取扱い」に関しても具体的な記述になっている。

　このことは，法的拘束力のある学習指導要領体制下での国による教育の内容と方法に関する規定をますます強めていることを意味している。「学びの地図」としての学習指導要領の記載内容が詳細になればなるほど，決められた内容を決められた方法でいかに行うのかという範囲での工夫にならざるをえない。

　したがって，学習指導要領が「学びの地図」として描かれるということは，個々の教師の専門性を生かした創造的な意味での授業づくりや教育活動の創意

105

第4章　授業構想の教授学

工夫を妨げることを意味するだろう。

　学習の結果として「何ができるようになるのか」，そのために「どのように学ぶのか」という視点は，障害児の発達を見通した授業を構想するうえでもちろん大切である。しかしながら，「何を学ぶか」に関する教育内容を問わないままに表面的な学びになると，社会にうまく適応するための「資質・能力」（「何ができるようになるのか」）を身につけるための学習内容となることが危惧される。

　知や技が豊かに生きることと結びつかない表面的な学びを脱して，「主体的・対話的で深い学び」が志向するところの「深い学び」を実現するためにも，障害児の発達課題への応答，生活づくり，自立と社会参加等を見据えた教材文化の視点をもって「何を学ぶか」の十分な検討が求められる。

2. 生活をつくり，社会をひらく教材文化を追求する

　障害者の法定雇用率の引き上げに伴い，企業は障害者雇用において働ける障害者の確保に躍起になっている。こうした状況を受けて東京都では，知的障害特別支援学校高等部において就業技術科（5校）および職能開発科（3校）を設置している（2019年度現在）。そこでは，入学者選考（適性検査）があり，2019年度入学者選考による出願倍率は1.04〜1.55である。

　カリキュラムの大枠の特徴としては，就労に向けて1年次は学内実習，2年次と3年次は現場実習を行うことで，企業就労に向けた技術や態度を身につけるための教育内容となっている。

　「何を学ぶのか」という学習内容を子どもの発達要求と学習要求との関わりで十分検討されないままに「何ができるようになるのか」という視点が強調されていくと，軽度の知的障害児の場合，学校は成果として可視化しやすい就労支援に力を注ぐようになるだろう。そうなると，学校での教育内容は，企業において特定された業務を確実にこなすことができるような技術と態度をいかに形成することができるかを追求したものとなるだろう。

　一方，『小学校キャリア教育の手引き』では「キャリア」のとらえ方に関して「各個人は生涯にわたって様々な立場や役割を与えられ，その時々に合った

106

自分らしい生き方を選択しながら生きていく。この過程の中で，自分は何を求めて働くのか，何のために学ぶのか，どのように生きるのか等，自己と働くこと，働くことと生きることを相互に関係付けたり，価値付けたりしている。こうした生きる上での自己と働くこととの関係付け，価値付けの累積を『キャリア』ととらえる」（文部科学省，2010, 7）と述べている。

　学校教育において子どもたちがこうした「キャリア」を形成していくためは，自分とは異なる価値観をもち，異なる生き方をしている複数の仲間や教師との出会いや，学級でのさまざまな仕事を通して仲間とともに働くことで，学級・学校での生活をつくり出していく学びの過程が不可欠となろう。

　しかしながら，知的障害のある子どもの場合，障害による困難さゆえに友だちの気持ちがわからない，うまくコミュニケーションすることができない，自己の気持ちを表現することが難しいなど，友だちと容易にはつながりにくい世界に生きている。

　他者や社会とのつながりに困難さのある障害児だからこそ，さまざまな役割や立場の中で自分らしい生き方や働き方を選択していくためには，他者や社会とつながる教育内容が必要であり，そのための教材づくりが欠かせない。

　社会生活に適応できる社会性を身につける，就労に必要とされる技術と態度を身につけるということは障害児が社会の中で暮らしていくうえでは確かに必要となる力であろうし，そうした力の形成について，企業だけでなく保護者からも学校教育に対して要請されることは少なくない。しかし，こうした力が備わっていれば障害児が幸せに豊かな人生を生きたいと願ったときに十分かと問われれば，十分ではないだろう。

　障害者権利条約が明らかにしたように，どんなに重い障害があったとしても生きる権利があり，幸福を追求する権利がある。私たち一人ひとりが有する生きる権利と幸福を追求する権利をつなぐ役割を果たすのが教育である。

　そうだとすると，能動的に他者や世界に関わりながら，子ども自身が生活を価値づけ，意味づけることを通して生活をつくり出し，さらには子どもが社会をひらいていくという側面まで教師は意図して教材を見通さなければ，深い学びとはならないであろう。

3. 学びがいのある授業を追求した障害児教育実践における教材づくり

「何ができるようになるのか」という点に関わって，授業において障害児が個別の能力を高めること，たとえば，漢字が書ける，読める，計算ができるといった力を習得することはもちろん大切なことである。しかしながら，「何ができるようになるのか」を追求するあまり，そのことだけを指導目標にしてしまうと，究極的には「何を学ぶのか」（内容）を問わないスキル学習に陥ってしまうだろう。

今日追求されなければならない授業づくりの方法論は，一人ひとりの障害児にとって学びがいのある授業をつくり出すことであって，子どもの生活から切り離されたスキル学習的な個別指導に傾斜することではない。

授業は，教師―子ども―教材によって構成される。教材は，学ぶ対象世界と子どもたちとを媒介するものである。個々の教科における授業を構想するうえで，教材がもつ文化性や系統性を吟味しながらその文化的価値と子どもの生活現実や発達課題とを切り結ぶ視点が教材づくりには欠かせない。この視点を基盤として子どもの興味を呼び起こし，障害児が思わず参加したくなるような教材，生き生きと取り組むことのできる教材をいかに多様につくり出すことができるかが鍵となろう。

成田孝は，「子どもが豊かに学ぶ教材文化の条件」として次の5点を挙げている（成田, 2012, 16）。
①体性感覚に積極的に働きかける。
②過程や結果が明快で，失敗が許容され，試行錯誤が十分に可能である。
③簡単なものから難しいもの，単純なものから複雑なものなど，子どものさまざまな発想が生かされる多様性や発展性がある。
④子どものイメージを喚起してイメージと絡めるために，抽象的・模擬的でなく具体的・実際的である。
⑤集団の教育力に着目する。

成田は，「土粘土」を教材とした実践（成田, 2008）を提起しているが，「土粘土」という教材を通して子どもの体性感覚に働きかけることがきわめて重要で

あると指摘している。それは、「見たり聞いたりして表面的かつ受動的に分かるレベルを克服するためには、手や道具を主体的に操作して体性感覚（皮膚感覚および運動感覚）に働きかける」（成田, 2012, 16）ことに実践の力点を置いているからである。

成田が教材文化の条件として提起している上述の5点は、「土粘土」教材に限らず、教科学習、生活単元学習、遊びの指導、日常生活の指導、自立活動、作業学習等における表面的な知識や技術の習得を超えて、子どもが豊かに深く学ぶことを可能にする教材づくりの視点として注目すべきであると思われる。

今日、障害児も含めて子どもたちが豊かな自然体験や生活場面で実際のさまざまなモノとふれあう遊びや労働の体験が乏しくなっている状況をふまえると、成田が指摘する教材文化の世界は、子どもの生活世界を豊かにするための教材をつくるうえで意識的に取り上げたい。

しかしながら、障害児の中には感覚過敏であったり、運動機能に困難さを抱えたりしている場合がある。そのため、成田の提起する教材文化の条件①の「体性感覚に積極的に働きかける」という点について、感覚過敏等の課題のある障害児に対する十分な注意を向けた教材づくりをする必要があるだろう。

ほかにも、障害児教育においては、絵本や劇あそびがもつ教育的価値に注目して実践が積み重ねられてきた。2017年版学習指導要領においても、国語科の「知識及び技能」「思考力、判断力、表現力等」の中で絵本に興味をもつこと、絵本の次の場面を楽しみにしたり登場人物の模倣をしたりすること、登場人物になったつもりで音読したり演じたりすること等が国語科の「内容」として列挙されている（文部科学省, 2017）。こうした内容は、障害児にとって教材である絵本を通して、物語に親しみながら興味の世界を広げることや、絵本に表される場面の意味や言葉の意味をとらえるという教育的意味をもつだろう。もちろん絵本だけではなく劇あそびについても同様である。

重度の障害児に対して『ターザン』の劇あそびに取り組んだ実践がある（白石・全障研草津養護学校サークル, 2003, 18-22）。1時間目は悪役の先生を怖がるだけだった子どもたちも、2時間目以降は、教師たちに支えられながら次第に悪役先生を「やっつける」ことができるようになっていく。この「やっつける」という活動に対して、公開授業において「どうして、子どもを怖がらせるの

第4章　授業構想の教授学

か」「やっつけるということを教えていいのか」という質問が出る。しかしこの劇あそびは，「『やっつける』ことを教える学習ではなく，自分で不安な場面を乗り越えていく実感，ストーリーの主人公としての手ごたえを感じ取り，ストーリーの中で値打ちある意味をつくる自分と出会う」（白石・全障研草津養護学校サークル，2003, 22）という意義がある。さらに，「発達的には，見えない次の世界を予測したり，イメージでとらえる力を持ち始めていても，障害ゆえに『見えない向こうの世界』，『不安な世界』を探索する経験をもちきれない子どもたちだからこそ，『やっつける』活動も含め，より情緒的な感動を持って自分に出会うストーリーと活動の構成が必要」（白石・全障研草津養護学校サークル，2003, 22）と考え実践されている。

　このことは，単にさまざまな絵本や劇あそびの世界に興味をもつ，場面や言葉の意味をとらえる，模倣する，音読して演じるということにとどまらない教材づくりのあり方を示唆している。「値打ちある意味をつくる自分と出会う」とは，学習主体として友だちや教師とともに教材文化の世界に挑みながら，自分自身や生活を意識化し，意味ある生活世界として価値づけ，編み直そうとする生活主体としての子どもを育てようとするからである。

　このように教材づくりには，子どもの生活経験や身体，認識等の状況を丁寧に把握しながら，子どもの生活現実のコンテクストと教材のもつ文化性，科学性，系統性を考慮した学びのコンテクストとをどのように関連させていくかという視点が求められる。この視点を欠くと子どもにとって学びの世界が自己とは乖離したものとなり，子どもにとっての本物の知や技とはなりえないであろう。

　教材づくりを行う際には，子どもの「今」を充実させながら，「明日」をひらく活動を構想し，子どもにとって学びがいのある授業を展開する視点が重要となる。

4. 教材づくりにおける「本物」を問う

　障害児教育の中でもとりわけ生活単元学習では，教材を媒介にして「本物の生活をそこにつくり出す」つまり，「本物を知る」ことが重視される。しかし

第1節　教材文化の教授学

ながら，ここでいう「本物」とはどのような意味を指しているのであろうか。

「本物」という言葉の定義づけが論者や実践者によってさまざまであり，現実の生活に限りなく近づけていくという意味で「本物」を使う人たちがいる一方で，「本物」を「真正（オーセンティック）」ととらえて，学問（自然科学，社会科学，人文科学）や教科の本質に即した学びを「真正の学び」として提起する論者[1]もいる。

障害児に提示される生活について，何をもって「生活」といっているのかそこを問わないままに「本物」と提示してしまうと，たとえば，とにかく子どもたちが楽しく取り組める活動として「〇〇ランドをつくろう」という表面的な取り組みとなってしまうことや，働くことと生活をつくるということの結びつきと意味を問わないままに，企業から要請される就労態度と技術を習得させる学習になってしまうことが懸念される。

つまり，障害児教育における教材づくりの視点として「本物」を追求しようとするとき，社会における現実の生活そのものを「本物」として再現して学ばせるだけでは，障害児にとってそれは社会適応するための「本物」にすぎないであろう。

そうではなくて，教材文化としての科学性や系統性を含んだうえで，①これまで意識化されていなかった生活の側面が意識化されること，②生活の中の具体的なヒト・モノ・コトとの出会いと対話の中で価値を発見し意味づけること，③多様な文化的世界にひらかれることで，子どもの内面世界の広がりを生み出すこと，それらを通して，④新たな生活世界をつくり出していくことを教材づくりにおける「本物」を追求する視点として提起したい。

一方で，教材づくりの課題として冨永光昭は，作業学習で取り上げられる農業・養鶏・窯業・木工において「素材を知り尽くしたプロの教師がどれほどいるのか，教師自身が本物を知ってこそ，教材として意味のある設定ができ，活動の組織化も可能となる」（冨永，2002, 59）と指摘している。

教師自身が「本物を知る」ということは，教材をつくるうえで確かに重要な視点を提起していると思われる。そうではあるが，一人の教師があらゆる学習内容における素材を知り尽くしたプロとなることは難しいだろう。

そこで，教育実践としては地域に住まう「プロ」との出会いと学びを教材化

111

第4章　授業構想の教授学

する授業が試みられてきた。2017年版学習指導要領でも，「よりよい学校教育を通じてよりよい社会を創る」という目標を学校と社会が共有し，連携・協働しながら，未来を切り拓くための資質・能力を子どもたちに育むための「社会に開かれた教育課程」の実現を求めている。それゆえに，教師一人のみならず，地域の人々を資源として活用することは今後ますます増えていくであろう。

　ここで重要なことは，プロを呼ぶ教材性を教師がどのようにとらえているのか，プロを呼ぶプロセスを教師がどのようにつくり出そうとしているのかという教材づくりへの視点である。

　プロをゲストティーチャーとして呼ぶことで，子どもに何を学ばせようとするのか，プロを呼ぶことによって学ぶ対象世界としての教材はどのように異なって見えてくるのか等，子どもが「何を学ぶのか」という教科内容の深まりに対する教師の意図を明確にすることが不可欠である。それがないと，プロであるゲストティーチャーにお任せの授業になってしまったり，教師にはない見方，考え方をプロに提示してもらったりすることで，子どもも教師もなんとなくわかったつもりで終わってしまう授業となってしまう。教師ではなくプロを呼ぶのは，子どものどのような力を伸ばしたいと考えているのか，その点を明らかにしておく必要があるだろう。

　たとえば，実践としてうどん作りの授業を展開する中で，うどん屋さん（職人）をゲストティーチャーとして呼ぶということがある。単元のはじめのほうでプロを呼ぶ際には，子どもたちのうどん作りに対する興味・関心を高めるという意図があるだろう。他方，単元の終わりでプロを呼ぶ際には，子どもたちのうどん作りに対する価値観を高めるということがねらいとされることもある。単にレシピどおりの分量で機械的に作るということではなく，うどん屋さん（プロ）は気温や湿度も気にしながら，水分の量やこねる時間を変化させていること等を学ぶと，子どもたちのうどんの作り方に深みが出たり，これまでとは違うところに価値を置いたりして変化してくるのである。

　子どもたちのうどん作りの営みが生活認識の地平から，プロを通して教材文化のもつ科学性へと高められ，再び生活認識へと戻るという学び，すなわち，生活認識と科学認識が往還される教材をつくることで，子どもの生活がさらに

豊かにひらかれていくのである。

　さらに，プロを呼ぶことの意義は技術的熟達者から技術を学ぶということだけではないだろう。プロにも生活があり，その生活を知ったうえで教材化しようとしているのか，多様な選択肢があることを知ったうえで教材として選択しているのかでは教育内容の深まりが違ってくる。

　プロを呼ぶという本物を志向する場合にも，その人の生活そのものを理解するために招聘しようとしているのか，そのことを含めて教材選択の基準をどのようにもっているのかが問われなければならない。

5. 深い学びを実現する教材づくりの展望

　2017年版特別支援学校学習指導要領では，インクルーシブ教育システムの構築が志向されているが，そもそも，インクルーシブ教育の理念は，すべての子どもの学習と生活における参加を保障するために，通常教育の改革を終わりなきプロセスとして進めていくことである。そうだとすると，誰もが排除されず，ともに生きる社会を築こうとするとき，より弱い立場や周縁の位置に置かれた人々の側から既存の世界が問い直されなければ，マジョリティ（通常の側）の世界に変革は起こらないだろう。

　筆者は，教育におけるインクルージョンについて，排除されている側からの呼びかけに対して，多数の側がその呼びかけをきき取ることで自分たちのあり方を問うこと，そのうえで多数の側の変革を伴いながら，共々に生きられる新たな世界を再創造していく営みであると提起した（今井, 2018）。

　インクルーシブな授業において深い学びを実現するための教材研究は，障害児の存在要求，発達要求，学習要求をくぐらせることを通して，教師自身のものの見方，とらえ方を問い直し（変革し），新たな認識の枠組みをつくり出す，再創造としてのプロセスを要請するのである。

　さらにいえば，教材をつくるのは教師にのみ与えられた権限というわけではない。子どもも教材づくりに参加することができるのである。

　ある特別支援学校で，クリスマス会（遊びの指導・生活単元学習）の一環としてダンボールを用いたクリスマスツリーの制作を子どもたちが行う際に，本物

第4章　授業構想の教授学

と出会わせたいという教師たちの願いから，地域に暮らすプロのダンボールアート制作者を呼ぼうと計画した。しかし，予算や日程調整の都合で断念せざるをえない状況になってしまった。そのとき，ダンボールクラフトを得意とする子どもが高等部にいることを教師たちが思い出し，小学部のゲストティーチャーとして活動に参加してもらいつつ，子ども同士の教え合いと交流を生み出しながら制作活動を展開していった実践がある。

　この実践で示されたことを子どもの観点からとらえると，学習における活動内容の中に障害児の特技をうまく取り入れながら教材化することで，能動的な教え合いと交流を生み出した実践として位置づけることができる。そのうえでより重要なことは，子どもの権利としての教材づくりを保障した実践として意味づけることであろう。

　教師によってつくられた教材を媒介にして文化的世界に参加するということだけでなく，子どもが自らの発達要求と学習要求に基づきながら教材を選択あるいは決定することや，新たにつくり出すことを権利として保障していくのである。つまり，子ども自身が権利として文化的世界そのものをつくり出していくプロセスを生み出す教材づくりの問い直しが求められているのである。

　最後に，数々の障害児教育実践において，子どもは集団の中でこそ育つということを明らかにしてきた。障害児にとってうまくできない自己も含めて，自分自身の存在を受け止め，認めてくれる友だちが必要である。

　しかしながら，教室にただ「いる」だけではともに学ぶ仲間とはなりえない。友だちとの共同的な活動を通して楽しさを共有する中で，友だちのよさや違いを感じ取ることができる。さらに，頼り頼られながらお互いを認め合っていく関係性を育てることで，「あんなふうになりたいな」「すてきだな」と友だちに憧れを抱き，友だちと学び合う中で「もっとできるようになりたい」「わかるようになりたい」につながる意欲が引き出され，かけがえのない自己を発見していくことができるのである。

　したがって，教材そのものに文化的価値があったとしても，その文化的価値の本質をより深く学ぶためには，その価値をどう受け止め，どのように学んだのか，自分自身の見方や考え方を受け止めてくれる友だちの存在，気持ちを響かせ合い，高め合える学級集団の存在意義を見過ごしてはならない。

114

第1節　教材文化の教授学

　それゆえに，学びをより深く，確かなものにするための教材づくりの視点は，教材そのものの文化的価値の追求だけに目を向けるのではなく，教材文化を媒介にした学び合う集団づくりの視点もあわせてもつことが不可欠となろう。

［注］
(1) 真正の学びについて代表的には，佐藤学（2012）が挙げられる。

［文献］
・今井理恵（2018）「インクルーシブ授業における子どもの参加・共同に関する教育方法学的検討」. 湯浅恭正・新井英靖編著『インクルーシブ授業の国際比較研究』. 福村出版. 76-86.
・行田稔彦・渡辺恵津子・田村真広・加藤聡一編著（2018）『希望をつむぐ教育――人間の育ちとくらしを問い直す』. 生活ジャーナル.
・小柳和喜雄・久田敏彦・湯浅恭正編著（2014）『新教師論　学校の現代的課題に挑む教師力とは何か』. ミネルヴァ書房.
・佐藤学（2012）『学校を改革する――学びの共同体の構想と実践』, 岩波書店.
・障害児の教授学研究会編（2017）『エピソードから読み解く特別支援教育の実践――子ども理解と授業づくりのエッセンス』. 福村出版.
・白石恵理子・全障研草津養護学校サークル編（2003）『集団と自我発達　障害児教育の専門性を授業づくり』. クリエイツかもがわ.
・中央教育審議会（2016）「幼稚園，小学校，中学校，高等学校及び特別支援学校の学習指導要領等の改善及び必要な方策等について（答申）」.（平成28年12月21日）
・東京知的障害児教育研究会編（2002）『養護学校の授業をつくる――重い知的障害の子どもたちと』. 群青社.
・冨永光昭（2002）「教材文化の教授学」. 湯浅恭正・冨永光昭編著『障害児の教授学入門』. コレール社.
・成田孝（2008）『発達に遅れのある子どもの心おどる土粘土の授業――徹底的な授業分析を通して』. 黎明書房.
・成田孝（2012）「生活年齢・文化と授業」. 渡邉健治・湯浅恭正・清水貞夫編著『キーワードブック特別支援教育の授業づくり――授業創造の基礎知識』. クリエイツかもがわ. 16.
・三木裕和・原田文孝・河南勝・白石正久（1997）『重症児の心に迫る授業づくり――生活の主体者として育てる』. かもがわ出版.
・森博俊・障害児の教科教育研究会編著（1993）『障害児のわかる力と授業づくり――新しい教科教育への挑戦』. ひとなる書房.

第4章　授業構想の教授学

・文部科学省（2010）『小学校キャリア教育の手引き』.
・文部科学省（2017）『特別支援学校　幼稚部教育要領　小学部・中学部学習指導要領』.
・湯浅恭正（2006）『障害児授業実践の教授学的研究』. 大学教育出版.
・吉本均（2006）『学級の教育力を生かす　吉本均著作選集3　学習集団の指導技術』（久田
　敏彦・深澤広明編）. 明治図書出版.

（今井理恵）

第2節

学びの展開の教授学

1. 学びの展開について考える前提

　少し前のことになるが，知的障害特別支援学校に教員として勤めていたころ，一人の同僚のお通夜に参列した。闘病の末に亡くなられたその方は，校内清掃のお仕事をされていて，筆者よりも，20歳以上年上ではなかったかと思う。お亡くなりになる4年ほど前に筆者が新任の教員として着任したときにはすでに校内にいらっしゃって，職員として働かれていた。その方は卒業生で，学校に隣接する福祉園のグループホームから通勤されていた。平日朝の決まった時間に，ごみ袋を片手に持って，各教室のごみ集めに校内を回られていて，教室のごみ箱を「お願いします」というかけ声とともに廊下に出すのが，筆者の日課であった。

　筆者は，その方の人生を，断片的にしか存じ上げない。少なくとも，晩年の4年間において，運動会や同窓会等に，その方が笑顔を浮かべて参加されている姿を，幾度となく目にした。また，学校行事後の教職員の慰労会で，たまたま席が隣り合わせになり，学校の昔のことについて尋ねさせていただいたことがあった。学校への愛着の感情を織り交ぜた言葉で，ゆっくりと，丁寧に返答いただいたことを記憶している。

　その方は，特別支援学校（養護学校）で育ち，特別支援学校（養護学校）とのつながりの中で生涯を終えられた。お通夜には，ご家族・ご親族をはじめ，学校の教職員や福祉園の職員・利用者など，本当にたくさんの方々が参列されていて，とても温かい会であった。人のいのちの儚さを実感するとともに，「幸せに生きるとは何か」について深く考えさせられた。

　その方やこれまで筆者が関係をもってきた特別支援学級・学校の子どもたちの生き様を思い浮かべるならば，学齢期の特別支援学級・学校という期限つきの場における学びを，彼（女）らの人生，すなわち，いのちの有限性や代替不

117

第4章　授業構想の教授学

可能性，人生の質（QOL）とともに考えていく視点を欠かすことはできないと思われる。したがって，本節では，彼（女）らにとっての学びの展開を，大局的な人生の展開の一部として位置づけながら，紐解いていくことにしたい。

　死は，確かに病弱教育や重複障害教育（医療的ケア児の教育）の現場ではいくぶんか身近ではあるのだが，とはいっても，いつそれを迎えるかわからない現実の中に生きているのは，特別支援学級・学校に通う子どもに限ったことではない。その意味では，本節が，「障害児」という特定のカテゴリーの子どものことについて焦点化して述べているようで，機能障害がないとされる子どもにも通底する本質的な教授学の議論に及んでいる側面があることを，あらかじめ断っておきたい。

2. 子どもの学びが展開するということ

　学びの展開について議論するためには，「学びとは何か」という難問に対し，暫定的にでも答えを出して論を進めるか，あるいは，開き直って定義の議論を回避し，なんとなくのニュアンスで「学び」という言葉を使っていくほか道はない。新学習指導要領において「主体的・対話的で深い学び」という言葉が使用されているが，この言葉を使用する際にも，例外なく，この難問がのしかかってくる。本節における選択としては，ここで，現時点での筆者なりに妥当と思われる学びのとらえ方を読者に提示したうえで，次の議論へと進むことにしたい。

　田中（2010, 5）は，ニコラス・ルーマン（Niklas Luhmann）のオートポイエーシス概念を参照しつつ，学びを，「人（子ども）の自己創出的な営みのうち，成長（成熟）に向かう営み」とし，「みずからわかりたいと思い，他者とともに活動しつつ，自分を反照し，新しい自分を創造すること」と定義している。あくまでも，学びとは，個人の自己変成（自己の編み直し）の営み，すなわち，図4-2-1に示すように，自らの世界の枠を伸縮させながら，地道に拡げ，深めていくことであると考えられる。自己変成と結びつく学びは，「新しい経験を思議に収める歓び，思議を超える経験にふれる歓び」を伴う（田中, 2010, 7）。「あぁ，そうか，そういうことか」という，学びの瞬間，瞬間に，わくわく感

第 2 節　学びの展開の教授学

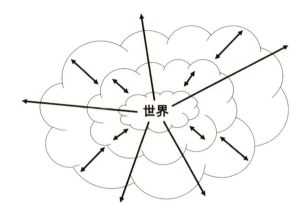

図 4-2-1　自己変成としての学びのイメージ

や快感がある。そうして形成される，一人ひとりの世界には，個別性・多様性がある。

　ただし，脳機能とも関係する話であるが，個人の世界には，時がたつと外縁から凝固し始め，放っておくと，それが年々分厚くなっていき，強固な枠を形成するという性質がある。したがって，「当たり前」を疑ったり，カテゴリーの境界線を引き直したりするような作業を通して，普段から，定期的に，枠部分に熱を加えて溶かしておかなければ，いざというときに柔軟に伸縮させることができない。

　黙々とボックスティッシュを引き出し続ける子どもの姿，しゃがみ込んで延々とアリを追いかけてつかもうとする子どもの姿，シャンプーが空になるまでポンプを押して泡をつくり続ける子どもの姿，タンクの水が溜まるたびにトイレのレバーを回し続ける子どもの姿……たとえその行為が周囲の大人を困らせたり，あきれさせたりするようなものであっても，「我を忘れて没頭する」というのは，その子どもにとっての学びの出発点である。学びとは，本来，「主体的」という限定語が必要のない，主体的な営みである。

　ただ，一人ひとりの世界とはいっても，曖昧すぎて，つかみどころがない。そこで，筆者が仮説として提起したいのが，図 4-2-2 で示すような，2 つの次元によるつかみである。1 つは，言語・論理的な次元（いわゆる学力的次元）

119

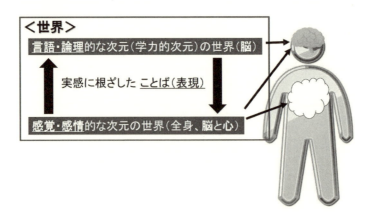

図4-2-2　拡げ深める世界のイメージ

の世界，もう1つは，感覚・感情的な次元の世界である。感覚・感情的な次元の世界は，日常の生活現実におけるからだの感性・感受性と分かちがたく結びついている。両者は相互作用的で，感覚・感情（実感）に根ざしたことばや表現を丁寧に作っていくことで，言語・論理的な次元もまた拡がり深まると考えられる。感覚・感情的な次元の世界は，言語・論理的な次元の世界を拡げ深めるにあたっての土台となるのである。そして，これら2つの次元によって構成されるものの総体が，その人の世界としてとらえられる。

　そもそも，一人ひとりの世界は，他者（たとえ親であっても）には完全には理解しきれないし，本人も日々自覚しながら生活しているわけではない。西平(1998)が鮮やかに描き出したように，アイデンティティと絡む，感覚・感情的な次元の世界は，言語・論理的な次元（学力的次元）の世界以上に動態的である。

　やがて，学びを通して拡がり，深まった世界は，肉体の死とともに，この世から消える。学ぶことと生きることは重なっており，学ぶことは，一人の人間が，死をゴールとする限りある人生を，より豊かにより幸せに生きようとするために行う営みであるといえる。こうした学ぶことの意味は，普段はあまり意識しない，いのちの有限性や代替不可能性を自覚する（いのちへの感性・感受性を大切にする）ことによって，実感される。

第2節　学びの展開の教授学

一方で，学びは，本人の意志や教員（身近な大人・他者）の意図を超えて計画からはみ出し，いつの間にか始まっているような営みでもある。そのため，それは，他者による強制によって容易に引き出すことができるようなものではない。自分自身であっても，完全にコントロールしきれない部分もある。

ただし，他者との協同・対話は，こうした不確実性を特徴とする学びを喚起する強力な契機となりうる（田中, 2010）。なぜなら，「まねび」が学びの語源といわれるように，学びは，本来，他者の模倣から始まる側面があり，協同・対話は，学びを触発する他者との出会いと対話をもたらしやすいからである。

学齢期の子どもにおいて学びを触発する身近な他者は，現代においては，家族，友人，恋人，同級生，教員，学童指導員，習い事（塾を含む）の先生など，実生活を共有する人たちが考えられるが，実際には，必ずしも肉体をもった人間に限定されるわけではない。読書を通しての著者との間接的な出会い，教科書を通しての研究者との間接的な出会い，テレビ視聴を通しての俳優や制作者との間接的な出会い，美術作品の鑑賞を通しての作家との間接的な出会い，なども数えられる。また，場合によっては，自分の心の中に住まう「小さな自分」との対話もまた，他者との出会いとして数えうる。たとえば，佐藤（2003）は，テキスト（対象世界）との出会いと対話，教室の仲間との出会いと対話，自己との出会いと対話という3つの対話的実践を，授業における学びとしてとらえている。

このような学びのとらえ方をするならば，子どもの学びが展開するということは，原理的には，彼（女）自身が，限りある人生の中で，より豊かにより幸せに生きようとするために，モノ・ヒト・コトとの出会いと対話を通して，主体的に自らの世界（言語・論理的な次元の世界と感覚・感情的な次元の世界の総体）を拡げ深めていくこととして定義することができる。

こうして考えると，新学習指導要領でいう「主体的・対話的で深い学び」という言葉の「主体的」「対話的」「深い」は，ここまで述べてきた学びのとらえ方の特徴を言語化したものとして理解することができる。また，この3つの特徴は，連続性をもつものとしてとらえられることで，初めて意味をなすと考えられる。

121

第4章　授業構想の教授学

3. 障害のある子どもの学びの展開と授業づくり

　ここまで述べてきたような学びのとらえ方を前提とし，教員の教えるという仕事を，「子どもの学びを，引き出し（触発），引き上げ（助長），支える（支援）こと」としてとらえ直してみると，どのような授業の実践像が見えてくるのだろうか。

　以下では，実際の授業実践の事例を手がかりにしながら，障害のある子どもの主体的な学びを触発／助長／支援する授業づくりのエッセンスについて検討することにしたい。

(1) 授業実践の概要

　今回，手がかりにするのは，ある知的障害特別支援学校の中学部で実施された美術科の「絵本づくり」の単元である[1]。それは，中学部3年生の個々の卒業制作として計画されたもので，12回（週1回90分）の授業を重ねて，約3か月間にわたってじっくりと取り組まれた。その授業には，15名の子どもと5名の教員が参加し，ゆったりした広さの美術室で行われた。美術室には，4つの大きな作業机が置かれていて，1つの机につき子ども3〜5名と教員1〜2名が配置され，各机のグループの中で相互にやりとりしながら制作に取り組むという形態がとられた。

　15名の子どものうち12名に今でいう自閉スペクトラム症の診断があり，IQ値でいうと，15名の中には測定不能からIQ70程度までの幅があった。医療的ケアを必要とするような重複障害の子どもは含まれていなかった。教員のうち1名が美術科の教員免許（中学・高校）をもち，この単元を含む年間のコーディネーター（以下，主の教員）の役割を務めていた。筆者もまた，この単元のすべての回に出席し，一参加者として実践および子どもに関与した。

　主の教員が作成した指導計画案には，全体目標として「一人ひとりの生徒が興味や心情を言葉や絵で教員に伝えることができ，それを絵，色，ストーリーとして表現することで，個々の持つ良さがでる絵本を完成させることができる」と記されていた。また，その下部には，教科としての美術科の観点から，

122

第2節　学びの展開の教授学

「意欲（表現の主体性）」「造形性」「技能」について，15名それぞれの個別の目標が具体的に記されていた。さらに，IQ値が軽度域の子どもの欄には，教科の垣根を越え，「物語をつくることができる」「感情語を使用することができる」など，国語科で挙げられるような目標も付されていた。つまり，障害のある子どものことば（表現）を培うことが中軸に据えられつつ，それに，「絵本づくり」というテーマに即した各教科の独自性が加味されながら，総合的な指導目標が打ち立てられていた。

　ちなみに，この単元（授業）は，前項で述べたような筆者の学びのとらえ方を事前に教員たちと共有したうえで行った「出来合い」の実践ではない。実際，主の教員が作成した指導計画案や実践記録には，「学び」という言葉や「子どもが世界を拡げ深めることを尊重する」といった方針の記述は登場していない。

　筆者が，この単元（授業）を本節で取り上げたいと考えたのは，教員たちが，無意識にも，言語・論理的（学力的）な次元の世界と感覚・感情的な次元の世界をつなぐ，実感に根ざしたことば（表現）の醸成，さらには，授業プロセスにおいて，教員と子ども，子どもと子どもの対話的やりとりを大切にしていたからである。特別支援学校（あるいは特別支援学級）という場において子どものことば（表現）の醸成を重視することは，本書の第2章第1節で述べたとおり，マイノリティ教育の観点から，エンパワメントとしての意義を含んでいる。そして，筆者が観察した限りでは，絵本づくりの単元（授業）の成果として，教科としての美術科・国語科をベースにする言語・論理的（学力的）な次元と，感覚・感情的な次元の両方の世界の相互作用的な拡がり・深まりが，複数の子どもに生まれていた。

(2) 障害のある子どもの世界の理解を試みる

　授業において子どもの学びを大切にしようとするのであれば，子どもの今ここの世界を解明し，理解しようとする作業を欠かすことができない。

　絵本づくりの実践では，教員それぞれが3～4名の子どもを担当し，一人ひとりの子どもの世界を理解しようとする作業が，美術の時間にとどまらず，学校生活全体で行われていた。絵本づくりと一言でいっても，物語を自作しての

123

絵本，日本の歴史をたどる絵本，好きな絵本からオマージュを受けて描いた絵本，友人や家族との関わりを1枚ずつ描いて束ねた絵本，学校行事の体験を1枚ずつ描いて束ねた絵本など，制作の過程や実際にできあがった作品は，子どもによってさまざまであった。そうした多様性は，個々の子どもの世界についての教員の深い理解から生じていた。そもそも，子どもの世界の一端がつかめなければ，教員の指導の着手点が定まらない。

　たとえば，Aさんの場合，絵本の題材となったのは，本人が普段から頻繁に発していた「宇宙に行くの!!」という言葉である。特に，機嫌が悪いときに泣きながら発せられることが多かったので，もともとその言葉は，教員間で，怒りや憤りの表現として理解されていた。そして，教員が，美術の時間に，「絵本に何を描きたい？」と尋ねたところ，このときも，毎度の怒り声で「宇宙に行くの!!」という言葉が返ってきた。

　担当の教員は，返答の文言のとおり，「宇宙に行くの!!」ということを本当に本人が描きたいのか確信がもてず，今度は「宇宙のどこに行きたいの？」と尋ね返した。そうしたら，思いがけず「土星」という答えが返ってきて，Aさんは，次の瞬間，自ら色鉛筆を手に取って，土星の景色を絵本の用紙に描き始めたという。

　描画は，水星，金星，他の惑星へと続き，最終的には，『宇宙そうじ』という題名の素敵な絵本が完成した。そして，中学部全体での絵本発表会でAさんの世界が共有され，教員たちには，「Aさんが不機嫌に口走る『宇宙』はこんなにも平和だったんだな」という気づきと，解釈枠組みの修正がもたらされた。他の子どもたちからも，Aさんを再評価する声があがっていた。Aさんは，自分の世界が身近な大人や仲間に承認されて，とてもうれしそうな表情を浮かべていた。

　福田（2014, 100）は，「『子どもを理解する』ことは自らを他者にさらすことであり，自分自身のものの見方や考え方，価値観を，ひいては自身の生き方をも変革していく可能性に開かれている」と述べている。教員自身，自らの世界（解釈枠組み）を柔軟に伸縮させる柔らかさや余白をもって，からだをひらいて臨まなければ，子どもの世界を理解することができない。それどころか，教員の世界の枠に，子どもの世界を無理やり押し込んでしまうことにもなる。そう

124

なると，絵本は，教員の色の強い作品へと仕上がっていってしまう。子どもの主体性を認めない実践は，学びを生むことはない。遠藤（2007, 91）が指摘するとおり，「子どもの予期せぬ行動に出会った瞬間に，自らの前提が揺らぐのを感じ，直観を働かせることができるかどうかが，子どもの世界に迫ることができるかどうかを決める」といえる。子どもと教員の間で，相互の世界の枠を伸縮させ，相互主体的な学び合いの関係性が育まれるのが理想ではある。

　教員には，子どもの世界を理解しようとするにあたって，彼（女）の微細なからだのことば（たとえば，口語，まなざし，表情，手指・筋肉の動き，行動など）や日常の表現物（たとえば，落書きや食べ物，服装など）に注意を向けながら，何を感じ，何を考えているか，生きているうえで何を大事にしているかについて，丁寧に目と耳を向けていくことが求められる。とりわけ，障害のある子どもの場合には，本人が自発的に内言を外言に変換しようとする際の，感覚の使い方や運動の起こし方，力のこもり方に注意を向ける必要がある（柴田, 2015）。佐伯（2004, 186）が指摘するとおり，「『もっともなことだ』と実感するまでその子どもの『内側に入る』」といった姿勢が大切である。そして，子どもの世界の理解は，実践の進行と連動する形で，たえず更新される。

　さらに，子どもの世界を解明し理解するにあたっては，生活現実や生育史と関わっての学校・家族・地域・社会などの背景をつかむことが欠かせない。一人ひとりの子どもの世界には，さまざまなヒト・モノ・コトとの出会いと対話を通して，外部から大小の影響を受けながら形成されてきた個別・固有の歴史があるからである。

(3) 障害のある子どもの学びを触発する

　子どものことば（表現）を引き出そうとするとき，前述したような子どもの世界の理解に基づいた「触発」が鍵となる。子どもとの間合いがずっと近距離の場合，働きかけが触発にとどまらず，強制になってしまいかねない。そうなってしまうと，子どもの学びの発露を奪ってしまうことになる。したがって，不即不離の間合いから，山のような心持ちで，相手の存在全体を眺めつつ息遣いを感じ取り，「ここだ」という触発のタイミングを積極的に待つということが大切である。

第4章　授業構想の教授学

　ここで重要なのが，触発の中身である。教育活動における触発には，言葉かけや接触などの身体的働きかけだけでなく，教材の提示も含まれる。触発の内容自体，子どもの様子によって臨機応変に変更するということにはなるのだが，いつでも差し出せる教材のレパートリーとして，生動感（リアリティ）のある教材や，若者文化に関わる教材，教員自身の手作り教材，教員の生き様を反映した教材など，複数のものを手元に用意しておきたい。それらは，ときに，子どもの世界に揺らぎを与えるようなパワーを秘めた教材となりうる。

　あとは，教科に特徴的な文脈を反映した教材，すなわち基礎となる学問の考え方をふまえた教材を用意しておくとよい。特に，言語・論理的な次元（学力的次元）の世界の拡がり・深まりに関わる指導の部分では，この種の教材との出会わせ方が，とても重要な意味をもつ。

　絵本づくりの授業には，Bさんという，IQ値が軽度域で，自分で物語をつくり，物語に即した絵を描くことを目標とする子どもがいた。Bさんは，単元が始まって4回が過ぎようとしているのに，いっこうにペンが進まず，下を向いて無言で白紙のページをじっと眺めていた。担当の教員が，本人が好きそうな題材や既成の物語を「これなんかどう？」と差し出してみるのだが，ほとんど反応が返ってこなかった。単元の残りの授業回数が少なくなっていく中で，絵本の物語づくりは，美術の時間から持ち出され，課題別の国語の授業の中でも扱われた。たまたま，同一の教員が，国語の授業を担当していた。

　Bさんの事例から見えてくるのは，理屈どおりにはいかない，学びの触発の難しさである。そもそも，白紙をじっと眺めている様子は，学びのプロセスの渦中にいるからこその姿のようにも見え，教員の側の解釈や介入が難しかったといえる。最終的には，Bさんは，担当の教員とのやりとり（せめぎあい）を通して，絵本をなんとか完成させるのであるが，絵本づくりに対して本人がどのような意味づけをしていたのかは，今一つ，はっきりしなかった。

　Bさんの場合には，単元のはじめから終わりまで，自分の世界への防御壁が高く築かれていたので，いずれにしても難しかったであろうと推測されるが，このような場合，子どもと担当の教員という二者関係だけでなく，他の子どもや教員を混ぜた三者や四者での協同・対話を意図的につくり出してみるというのも，教員のとりうる方略の一つとして考えられる。教員は，さらに一歩身を

126

引いて，黒子として，子どもと子どもの協同・対話のつなぎ役や通訳に徹し，直接的な働きかけではなく，学びが生成されやすい環境づくりに力を注ぐこともできる。子ども同士で自然に触発のし合いが生じ，相互的な学び合いがもたらされるというのは，子どもの学びにこだわる授業のプロセスとしては理想的な形である。

ただ，繰り返すが，現実の実践は，理屈どおりには進まない。そもそも，他者がコントロールできないことを理解しながら，相手（子ども）の学びを触発し引き出そうというのだから，難しくて当たり前，失敗して当たり前である。

（4）障害の特性に関する知見を加減よく使う

障害の特性に関する知見とは，機能障害の心理・生理・病理面に関する知識や技能のことである。こうした知見は，特別支援学級・学校という場において権威を有し，ときに，授業をはじめとする教育実践のあり方に対して，一つの模範解答を提供する。

ただ，その模範解答は，「誤った関わりを最初から制止するので，本来人間どうしの関わりで行われる，相手との距離を測ったり試行錯誤したりしながら，段々相手のことがわかっていくというプロセスを邪魔してしまう」ことにもなりかねない（津田, 2012, 242-243）。特別支援学級・学校においても，自己変成としての学びの展開を尊重しようとするならば，子どもの世界の変化に応じて実践を随時改変していくような曖昧さや余白が不可欠であるし，障害のある子どもであっても「人として向き合う」ということが，求められる基本姿勢となるだろう。

Ｃさんは，自閉スペクトラム症的な傾向が非常に強く，新しいことや急な変更が苦手で，不安や気になることがあると大声で泣き，しばしば自傷や他害にも及んだ。また，睡眠のリズムが崩れやすく，情緒の安定に難しさをもっていた。池上（2017）が指摘するとおり，自閉スペクトラム症があるとされる人の，空気の動きや匂いや埃までが知覚の邪魔をするという「デリケートな感性」は，定型発達者にはなかなか理解しづらいところがある。

こうしたＣさんには，認知特性をふまえて，視覚的情報によって作業の見通しをもたせたり，刺激量の調整を行ったりすることが有効で，それらの配慮

第4章　授業構想の教授学

がないと，絵本づくりに取り組むどころか，美術室にさえたどり着けない状況
があった。たとえば，担当の教員は，絵や写真，文字を駆使した工程表を，毎
回工夫を凝らして作成し，授業が始まる前にＣさんと一つずつ丁寧に確認し
ていた。そのおかげもあってか，Ｃさんは，毎回のように，歌を歌いながら没
頭して取り組み，最終的には，本人の世界観が満載の絵本を完成させることが
できた。

　障害の特性に関する知見そのものは，障害のある子どもの授業実践をつくる
にあたって，有用な手がかりを提供してくれる。であるからこそ，障害の特性
に関する知見を，実践のありように制限を与えるものとして使用するのではな
く，Ｃさんの事例のように，あくまでも子どもの学びの展開を支えるものとし
て活用していくことが大切である。特別支援学級・学校の教員には，子どもの
学びの触発／助長／支援を中心に据えながら，障害の特性に関する知見を加減
よく使っていくことが求められる。

4. 学びに美を見る人生へ

　最後に書き添えておきたいのは，どんなに気をつけていても，教員は，とき
に，子どもの学びの展開を邪魔してしまうし，置かれた状況により，子どもの
学びを大切にするという方針にブレが生じることも当然ありうるということで
ある。中西（2015）は，「スーパー教師」を目指すという一律の目標が熟練や
経験についての錯覚を生み出していると指摘し，経験を積めば何でも解決でき
るとはいえないことを認知している点に，ベテランであることの真骨頂を見出
している。何歳になっても「わからない」ものはあり，失敗する。自らの不完
全さや弱さを大切にする思考が，新しいものや異質なものとの出会いの扉を開
き，それらへの寛容さを生む。

　本節では，学びを，より豊かにより幸せに生きようとする営みとしてとらえ
てきたが，教員もまた，限りある人生の中で，子どもの生き様や自身の働きか
けへの応答から触発を受けて自身の世界を拡げ深めていく，そんな学びの日々
を自然体で過ごしていけたらよいのではないだろうか。そして，そんな生き様
（背中）が，今度は，子どもへの触発にもなるだろう。

128

第2節　学びの展開の教授学

[注]

(1) 事例の使用にあたっては，当該校の許可をいただくとともに，記載内容について確認いただいている。

[文献]

・池上英子（2017）『ハイパーワールド——共感しあう自閉症アバターたち』. NTT 出版.

・遠藤司（2007）「障害児——ある障害児の世界を『空間』という視点から解明する」. 能智正博・川野健治編［秋田喜代美監修］『はじめての質的研究法　臨床・社会編』. 東京図書. 73-93.

・佐伯胖（2004）『「わかり方」の探究——思索の行動の原点』. 小学館.

・佐藤学（2003）『教師たちの挑戦——授業を創る 学びが変わる』. 小学館.

・柴田保之（2015）『沈黙を越えて——知的障害と呼ばれる人々が内に秘めた言葉を紡ぎはじめた』. 萬書房.

・田中智志（2010）「学びを支える活動へ——存在論の深みから」. 田中智志編著『学びを支える活動へ——存在論の深みから』. 東信堂.

・津田英二（2012）『物語としての発達／文化を介した教育——発達障がいの社会モデルのための教育学序説』. 生活書院.

・中西新太郎（2015）『人が人のなかで生きてゆくこと——社会をひらく「ケア」の視点から』. はるか書房.

・西平直（1998）『魂のアイデンティティ——心をめぐるある遍歴』. 金子書房.

・福田敦志（2014）「子どもを理解するとはどういうことか」. 山本敏郎・藤井啓之・高橋英児・福田敦志『新しい時代の生活指導』. 有斐閣. 93-110.

（堤　英俊）

第3節

学びの評価の教授学

1. 教育目標の管理・評価——「目に見える」評価の強化

OECD の PISA（学習到達度）調査以降，今日ではグローバルな知識基盤社会の到来に伴い，コンピテンシーといった資質能力が知識経済において求められている。それは，「何を学んだか」ではなく，「何ができるか」を問うものである。「学力低下」論争に端を発し，全国学力・学習状況調査の実施以降，競争がより強化されている。こうした情勢を背景として，障害のある子どもの教育においても「目標に準拠した評価」が強く要請されるようになった。けれどもその実態は，「できる」ことを中心にした「目に見える」学習の成果を性急に求めるものに変質している。それゆえ，教育目標・教育評価についての議論が求められている（三木, 2014; 2015）。

近年の教育改革の動向を見ると，資質能力と評価の関係がよりいっそう問われるようになっている。こうした動向などから，教育目標の管理・評価が強調され，客観的な事実や数字（エビデンス）が求められるようになった。とりわけ障害児教育の文脈においては，障害のある子どもの存在を前提にしつつ，教師の専門性として，子どもの行動上の問題をコントロールするなど，うわべだけの「目に見える」成果ばかりを求めるのではなく，「目に見える」ような「できる」こと自体を問い直すと同時に，「目に見えない」こと（＝「わかる」こと）にも光を当てる必要がある。

本節では，こうした「目に見える」評価とともに「目に見えない」評価について考察し，学びの評価においてどのような視点や方法が求められるのかを，今日の教育評価の動向をふまえて検討したい。

2. コンピテンシー（資質能力）と教育評価の動向

　2017年版の学習指導要領は，コンテンツ（内容）ベースから，コンピテンシー（資質能力）ベースへの転換を訴え，教科・領域横断的な汎用的スキルを身につけることが問われるようになった。その際，文部科学省は「資質・能力」の三つの柱として，「何を知っているか，何ができるか（個別の知識・技能）」「知っていること・できることをどう使うか（思考力・判断力・表現力等）」「どのように社会・世界と関わり，よりよい人生を送るか（学びに向かう力，人間性等）」を提起した。2017年4月に告示された特別支援学校学習指導要領でも「知的障害者である子供のための各教科等の目標や内容について，育成を目指す資質・能力の三つの柱に基づき整理」することが示されている。

　この「資質・能力」の三つの柱は，2016年12月に中央教育審議会答申「幼稚園，小学校，中学校，高等学校及び特別支援学校の学習指導要領の改善及び必要な方策等について（答申）」において，観点別評価については「知識・技能」「思考・判断・表現」「主体的に学習に取り組む態度」の3観点に整理された。

　なお，同答申では，新たな評価の観点の一つになった「『主体的に学習に取り組む態度』については，学習前の診断的評価のみで判断したり，挙手の回数やノートの取り方などの形式的な活動で評価したりするものではない」と強調している。というのも，同答申は「挙手の回数やノートの取り方など，性格や行動面の傾向が一時的に表出された場面を捉える評価であるような誤解が払拭し切れていないのではないか，という問題点が長年指摘され現在に至ることから，『関心・意欲・態度』を改め『主体的に学習に取り組む態度』としたものである」と理由まで述べている。こうした評価の問題は，通常学校に限ったことではない。たとえば，「落ち着いて行動できたか」「大きな声で挨拶できたか」「3回以上○○ができたか」といったことなどは，障害児教育でも実践され，態度そのものを管理してしまう危険性が考えられる。

3. 障害児教育における学びの評価の特徴

先述した答申において「挙手の回数」などに対する指摘がなされたが，このことは障害児教育においても問題視されている「目に見える」評価の問題と関係する。理由として，今日の障害児教育における教育改革の動向と関連して，次の２つが考えられる。第一に，コンピテンシーベースの教育と結びつきやすい問題，第二に，エビデンスベースの教育と結びつきやすい問題である。

(1) コンピテンシーベースの教育と結びつきやすい問題
コンピテンシーベースの教育へと転換することで，「できること」が注目され，「目に見える」評価に偏ってしまうのではないだろうか。以下に，その偏りによって生じる３つの問題点について述べる。
①目先の対応と行動のコントロール
障害児教育において目指す子ども像の検討が授業レベルにおいてないがしろにされ，目先の対応と行動のコントロールに陥ってはいないだろうか。障害のある子どもたちの楽しみや生活世界を広げることで豊かな生活が送れるように何をすればよいか，そうした社会に子どもたちがどのように参画すればよいかといった理想の世界を検討するのではなく，「挨拶はできるか」「落ち着いて行動ができるか」といった「できる」ことばかりが強化されている。目指すべき目標についての検討がないがしろにされ，「どうすれば教室で席に座り続けることができるのか」といった目先の対応や行動ばかりが強調されるとき，「何のために席に座るのか」といった目指すべき目標が抜け落ちてはいないだろうか（丸山，2016，122）。子どもたちの行動を安定させるための目先の対応や行動のコントロールは，問題行動を起こさないためや作業をスムーズに行うために，これまでの障害児教育の実践においても取り組まれてきた。さらに今日では，知識やスキルといったコンピテンシーベースの教育が志向されることで，「できる」ことばかりが目指されてはいないだろうか。このようなコンピテンシーベースの教育に対する誤解から，今日子どもたちの行動の背景を読み取り，子どもとともに考え，子どもの将来にとって目指すべき世界を問うことが

これまで以上に求められる。

②社会的自立への準備教育

　それではなぜ教師自身，目先の対応と行動のコントロールに向かうのであろうか。理由としては，子どもたちの社会的自立への準備教育としての側面が一つの要因として考えられる。障害のある子どもたちは人づきあいが苦手であり，知識や技能も不足しがちである。そのため，社会的自立へ向けて，作業スキルやコミュニケーションスキルなど「できる」ことの獲得が目指されてしまう。それゆえ，「落ち着かせること」「少しでも作業ができること」へ向けて，トラブルや問題行動が減るように環境の構造化が行われ，行動をコントロールしてしまっているのではないだろうか。

　環境を構造化することで，子どもは決められた手順やマニュアルどおりに作業をし，学校の決めたやり方で活動するが，子どもの気持ちやねがいについては十分に考慮されていない。というのも，教育目標の多くは，子どもの側にあるのではなく，ほぼ教師によって設定されているからである。このように「子どものねがいを深く読み取り，それを教材化し，教育課程に組織していくという，教育本来の営みが逆のものに転化」してしまっているのである（三木, 2015, 55）。

③客観的な目標や評価によるきちんとした目標と行動

　先述したように，「絵を描くことを楽しむ」といった子どもの気持ちやねがいよりは，「正しく絵を描くこと」というように，教師の側で教育目標を設定することが多い。この背景の一つには，「きちんとすること（目標・行動）」が指摘されている。障害児教育の実践では，目標として「○○がわかる」「○○を楽しむ」といったことが教育目標として掲げられたり，指導案にも記載されたりしている。そうした目標が「曖昧な目標」としてとらえられ，誰が見てもわかる「客観的な目標」の設定が要請されるようになった。こうした「客観的な目標」は，子どもの行動への注目に結びつきやすい。子どもの気持ちを観察するよりは，行動は客観的な観察が可能になるからである。このようにして「客観的な目標」である「きちんとした目標」が，子どもたちに「きちんとした行動」を求めるようになってしまっているのである（丸山, 2018, 64-65）。というのも，目で見て判断するためには，子どもの気持ちやねがいといった曖昧な

第4章　授業構想の教授学

目標ではなく，数値として明確なものこそ客観的であるということを前提にしたエビデンスが求められるからである。

今日の教育改革では，エビデンス論が盛んに指摘され，指導の効果・成果が厳密に問われる傾向が強くなっていることが挙げられる。そこでは，目に見える成果をあげることが期待されているからである。

(2) エビデンスベースの教育と結びつきやすい問題

エビデンスベースの教育へと向かう背景には，客観的な事実や数字というエビデンスをもとに教育目標や評価を行い，教育実践を進めようとする動きが挙げられる。もちろん，エビデンスがすべて問題というわけではない。たとえば，「計画的な施策を企画・立案していくには，まず客観的な調査データ（施策のよりどころとなる根拠（エビデンス））が必要」（柘植, 2004, 34）であると述べられるように，政策に拠り所となる根拠（エビデンス）が問われる。また，「教育政策も，説明可能な形に，つまり，『なぜそのような政策を選択したか』，『その政策は成果が期待できるか』に明確に答えられるようにすることが求められている」（柘植, 2013, 202-203）。しかし，教育実践における教育目標・評価レベルとは大きく異なる。

特別支援教育で主張されているエビデンスの特徴を，赤木和重は次の3つに分類している（赤木, 2014, 57）。第一に「楽しく」「生き生き」「わくわく」という感情・情動的文言の排除化，第二に行動レベルでの目標・評価の設定，第三に数値化，である。つまり，できる限り感情的な用語を使わないこと，行動化すること，数値化することの3つをエビデンスの特徴としている。

しかし，こうした特別支援教育のエビデンスベースの教育にも問題が指摘されている（赤木, 2014, 63-64; 湯浅, 2018, 112）。第一に数値を示したからといってそれだけで質の高いエビデンスにはならないこと，第二に教育目標の限定の問題，第三に目指すべき目標の固定化[1]，である。

それゆえ，測定可能なものだけでは限界がある。障害のない子どもの教育目標論，評価論では，ペーパーテストなどでは，興味・関心や自らの将来との関係が国際的な学力調査で低位となっていることから，「楽しむ」「味わう」といった情意的側面も軽視されることはなく，測定可能なものだけでは本当の学

力は測れないとしてパフォーマンス評価，ポートフォリオ評価などが取り入れられているということがトレンドとなっている。けれども，障害児教育の分野だけが情意的側面を排斥しているのである（三木, 2014, 30)。

　このように障害児教育においても，測定可能なものではなく，測定しにくい情意的側面を育てるような教育評価が，学びにおいても求められているのではないだろうか。「目に見える」ような「できる」ことへの評価だけではなく，「目に見えない」ことにも同時に注目する必要がある。次項では「できる」ことを問い直したい。

4.「できる」ことの再評価の視点と指導的評価活動

(1)「できる」ことの問い直し

　これまで見てきたように，「目に見える」評価は「できる」ことばかりが強調されている。「目に見える」評価ばかりが注目されると「できる」ことと同時に「できない」ことも明確にされてしまう。それゆえ，「できる―できない」といった二分した評価の構造をつくり出してしまうのではないだろうか。こうして「できる」ことよりも，「できない」ことが注目されてしまうことで，「できない」ことを「できる」ようにチェックリスト化する危険性が考えられる。

　けれども，「できる」ことが強調されることで「目に見える」評価に偏ると，目先の対応と行動をコントロールすることになったり，きちんとしたことが求められたりしてしまう。だからといって，「できる」ことをないがしろにしてはならない。やはり「できる」ことは重要である。それゆえ，「できる」とはどういうことなのかを今一度問い直す必要がある。

　したがって，目標そのものの批判的検討をすることで「できる」「できない」といったチェックリスト化へ陥る問題を克服し，「できない」から「できる」ように指導するという否定的評価を導いてはならない。そうではなくて，教師は授業において子どもと対話しながら，その子どもの「できることは何か」，また「できないことは何か」，さらには「できつつあることは何か」「できそうなのに試みていないことは何か」「できない子どものできることとは何か」といった子どもにとっての「よさと可能性」への肯定的評価をしつつ，学習意欲

第4章　授業構想の教授学

の喚起へとつなげる評価が必要である（深澤, 2013, 111）。それゆえ，「できる」ことを単に否定するのではなく，今日「できる」ことを再評価する視点を明らかにする必要がある。

(2)「できる」ことの再評価の視点
①「できる」までの力を育む「過程」の重要性

　「できる」ことを評価することは「結果」の評価になってはいないだろうか。むしろ，「結果」として「できる」ことは目指しつつも，その「できる」までの力を育んだ「過程」について検討する必要がある。

　肢体不自由の支援学校において学級に在籍する重度・重複障害がある子どもたちへの実践を振り返った学級自立活動の「ゲーム遊び」に注目したい（佐藤, 2018）。この実践の「ねらい」には，「①簡単なルールがある活動内容を設定することで，見通しや期待感をもって活動に取り組むことができる。②楽しい経験を重ねることでやってみたいという気持ちを高め，自分なりの方法で伝えることができる」と設定されていた。この実践では，「活動に取り組むことができる」や「自分なりの方法で伝えることができる」というように「できる」ことは目指しつつも，子どもたちがただ単に見通しをもつのではなく，「その先にある活動には○○があるから楽しみだな」や「ワクワクした期待感」をもって取り組み，「できる」ことへとつなげていた。つまり，いきなり「できる」を目指すのではなく，まずは「できる」までの力を育む「過程」を重視した授業を構想するのである。こうして何かが「できる」ためには，授業過程において子どもの力を育む仕掛けや工夫が求められるのである。

②「できる」は「できない」ことに向き合う契機をつくり出す

　「できる」ことと「できない」こととの関係を考えると，「できる」ときは，子どもたちは積極的に学びや活動に取り組んでいる。けれども，「できない」ことに直面すると子どもはうまく向き合うことができず，ときには問題行動を起こしてしまう。こうした「できない」ことに向き合うには，「できる」ことが契機になる。

　脳性まひで身体に障害のある小学部の子どもの給食指導の実践に注目したい（佐藤, 2017）。その子どもは小さいときから偏食が激しかったため，保護者は悩

み続けてきた。ほぼ毎日給食に出る白米ご飯を一口も食べることができなかったため，担当した教師はなんとか食べるように取り組み始めた。教師は子ども自身が白米ご飯を食べられるようになることを目標にしていないと考え，どうやって子どもが楽しく食べることができるのかを，子どもの気持ちに寄り添い一緒に考えることにした。子どもから「味付け海苔」があれば家では白米ご飯を食べられることを聞き，保護者にお願いして「味付け海苔」を持ってきてもらい食べさせるようにした。担当の教師をはじめ多くの教師が，子どもが「味付け海苔」で白米ご飯を食べられるようになったというがんばりをほめることで，その子どもにとって給食の時間は楽しい時間になった。その後，「味付け海苔」以外の方法を考え，ふりかけを振る，小さなおにぎりにするなどを試すことで，自分の好きなおかずと一緒であれば白米ご飯を食べられるようになっていった。

　このように子どもには「できない」ことはあっても，教師は「できない子どものできること」を探し出し，その「できる」ことから「できない」ことへと少しずつ向き合わせ，「できる」ことを増やしていくのである。その際，この実践では，第一に，「できない」ことがあっても「できそうなこと」を教師は絶えず試みていた。第二に，教師は自分のねがいや価値観を無理やり押しつけたり，説得したりするのではなく，子どもの気持ちに寄り添い，その子自身も「食べられるようになりたい」という思いを育てている点は見逃せない。

③「できる」ことと「わかる」ことの統一

　「できる」ことは単にうわべだけで何かが「できる」ことではなく，「できる」ためには「わかる」ことを通した「できる」ことが求められるのではないだろうか。目先の対応と行動のコントロールばかりを目指していると，「できる」のに「わかっていない」という事態が生じてしまう。

　「できる」だけではなく，友だちと一緒に「わかる」実感（体験）を通して「できる」ことを目指した小学部のことばの指導の実践がある（高井, 2014）。特別支援学校では個別学習の形態でことばの指導をすることが多い。しかし，学習課題が「できる」ようになってもその成果が実際の生活の中で活用できていないことも多くある。そこで，本実践では，単に語彙量を増やすことだけを目指すのではなく，使い方に興味・関心をもち，言語意識を高めることで言語感

第4章　授業構想の教授学

覚を育てようとしていた。その際，詩の群読，読み聞かせ，ことばあそびの活動を取り上げながら実践していた。詩の授業では，リズムのおもしろさにふれ，子ども同士のやりとりの楽しさや経験を通してことばを理解させていった。また，絵本の授業では，子どもに生きて働くことばを教えるため，知識としてことばを教えるのではなく，ことばのもつイメージやことばから感じる感覚を学ばせていた。そうする中で，ことばの使い方が腑に落ち，子どもは主体的にことばを生活の中で使うようになっていった。

　このように，ただ「できる」のではなく，友だちと一緒に「わかる」実感（体験）を通して「できる」ことを目指す必要がある。その際，一人で「わかる」だけではなく，友だちと一緒に「わかる」ことも重要である。子どもたちの「わかる」というルートは多様である。友だちとリズムに乗って一緒に身体表現したり，その詩のイメージをお互い表現したりすることを通してわかっていくことができるのである。

(3) 指導的評価活動の方法

　「できる」ことについて再評価する視点を整理すると，(2) の①〜③の3つがポイントとして考えられた。それでは，授業において子どもたちに対してどのように評価すればよいのであろうか。それは単に「できる」ことをほめればよいのであろうか。

　学習集団づくりにおいて吉本均は「指導的評価活動」という教授学キーワードを提唱している（吉本，2006）。指導的評価活動は，教えた「結果」を客観的に測定することではない。指導的評価活動は，教えている「過程」で子どもや集団の優れた「ねうち」を指さすという点で「指導的」であり，その「過程」を通して刻々に「ねうち」づけを続ける点で「評価活動」である。これまで述べてきたように障害児教育では目先の対応と行動のコントロールなどの「できる」ようにすることばかりが注目され，「きちんとした行動」が求められていた。しかし，指導的評価活動では，教師は子どもの「ねうち」を発見し，一人ひとりの子どもに共感しながら，肯定的評価を子どもの気持ちに寄り添いながら行うことが重要である。

　その際，指導的評価活動の方法として，(2) の①〜③の「できる」ことの再

138

評価の３つの視点から，以下の３つが考えられる。

　第一に，指導的評価活動は，「結果」ではなく「過程」に重きを置いた評価活動である。「できる」ことへ向かって教師は指さししていく必要がある。それは単に「できない」から「できる」ほうへと指さすのではなく，「できない子どものできることは何か」「できつつあることは何か」というように，発見しつつも，そのよさと可能性を活動の中で刻々に評価し続けるのである。

　第二に，指導的評価活動は，「もう一人の自分」への肯定的評価活動である。「できない」ことはあっても「できない子どものできるところ」を探し出し，「できる」ことによって自信を持ち，「できない」ことに向き合わせる。これは，「できる」自分＝がんばろうとしている「もう一人の自分」（将来の自分）を意識させ，今の自分と向き合わせるのである。その際，教師は，がんばろうとしている「もう一人の自分」に対して肯定的評価をしていくことが求められる。

　第三に，指導的評価活動は，「目に見える（できる）」ことへ向けてばかりではなく，「目に見えない（わかる）」ことを意識した評価活動である。「できる」ことばかり値打ちづけても「わかっていない」というように行動だけをコントロールしてしまう問題が挙げられる。たとえば，コミュニケーションの苦手な自閉症児が「ありがとう」を言えるためには，「コミュニケーションをスムーズにするために『ありがとう』と言うのか？　それとも，コミュニケーションが成立しているから『ありがとう』と言えるのか？」という疑問が指摘されている（渡部，2017，174-176）。この「ありがとう」という言語表出は，客観的・分析的な「言語能力の評価」を行うのに適している。しかし，「コミュニケーション」が成立しているかを客観的にとらえることは困難である。すなわち，「ありがとう」という言語表出などの「見える能力」は「客観的・分析的な評価」が適しているが，コミュニケーションなどの認知能力のような「見えない，あるいは見えにくい能力」は客観的にとらえることは難しいのである。それゆえ，コミュニケーションを育てることを目指すのであれば，教師は「目に見えない」能力を意識した評価，たとえば，「わかる」ことへ向けての意味づけや価値づけも必要である。

　なお，こうした指導的評価活動には留意すべき点がある。まず，（2）の②の

第4章　授業構想の教授学

給食指導の実践に見られるように，「白米ご飯を食べさせたい」といった教師のねがいや価値観を押しつける（指さす）のではなく，子どもの気持ちに寄り添い，一緒になって指さし導く方向を考えなければならない。そうしないと，教師が単に行動をコントロールしてしまうことに陥ってしまうのである。次に，友だちよりも「早くできた」「優れていた」といった他者との競争に勝つことで保たれる「競争的自己肯定感」を高めるのではなく，「周囲といっしょに喜んだ」「仲間にわかってもらえた」などの他者とつながる経験で育まれる「共感的自己肯定感」を高める必要がある（別府, 2009）。

5. 障害児教育における学びの評価の展望

　障害児教育において「目に見える」ような「できる」ことが，今日の教育評価の動向からも強化される傾向にある。けれども，「できる」こと自体を問い直すことで，うわべだけではない「できる」ことの視点とともに，「目に見えない」ことを意識した評価の必要性も明らかになった。最後に，障害児教育における学びの評価について，これからの展望を拓くうえで検討すべき点を挙げる。

　第一に，評価主体を形成することが求められる。障害児教育の教育評価は，教師による他者評価が中心である。2018年3月の『特別支援学校・学習指導要領解説　総則編（幼稚部・小学部・中学部）』では，教師による評価とともに，相互評価や自己評価などを工夫することが明記されている。今後，教師による他者評価以外に視座の異なる相互評価と自己評価を行い，相互に補完される関係をつくり出すことが求められる。その際，ポイントになるのが評価主体の形成である。望ましい自己評価のあり方を，他者評価を通した自己評価ととらえるならば，評価主体とは，自分一人で評価できることではなく，他者評価も含めてどのような方法で自らの学習を評価するかを決められることを意味する（髙木, 2012, 91）。それゆえ，障害児教育においても子どもが教師とともに自己評価のあり方を考えることを今後検討していく必要がある。

　第二に，教師は授業における評価のポイントを授業構想の段階でよりいっそう明確にしておく必要がある。造形教育の実践において成田孝は教師に求めら

第3節　学びの評価の教授学

れる姿勢を「授業での解放的な雰囲気づくり」「子どもの主体的な活動の促進」
「造形教育における教師の基本的な姿勢」の3つに整理した（成田, 2008, 27-35）。
とりわけ，「子どもの主体的な活動の促進」では子どもが活動に集中し，主体
的に活動するための条件を13項目にまとめている。これらの項目は学びの評
価のポイントを考えるうえで示唆的である。たとえば，「子どもには言語化を
強要せずに，言語以外の支援も大切にする」という項目では，共通感覚や体性
感覚に基づく造形教育では，雰囲気，まなざし，うなずき，驚嘆や感嘆などの
短いことばなどを大切にすることが示されている。このように，授業をする前
に，評価すべき視点，言語・非言語などの評価方法を具体的に構想しておくこ
とが課題である。

　第三に，授業後に教師同士で評価したポイントを議論することが求められ
る。デジタルカメラを用いた授業研究会の試みでは，授業者全員がデジタルカ
メラを持ち，子どものがんばりや一生懸命さ，表情などを自由に撮影する。授
業後の協議会で「何をしているところの写真か」「なぜ，その場面を撮影した
のか」など撮影した教師がエピソードとともにその子どもの活動した場面の解
釈を説明する（廣内, 2017, 189）。こうした教師の解釈を中心に議論することで
教師の評価が独りよがりのものではなくなるのである。

　以上の点を検討することは授業研究の軸にもなる。このように，学びにおけ
る教師の評価は，誰もが「目に見える」ような「できる」ことばかりを評価す
るのではなく，勇気をもって子どもの側に立つことで，これまで「見えていな
かった」子どもの世界を評価することへとつながるのであり，むしろそうする
ことが子どもを学習の主体者へと導く一番の近道になるのではないだろうか。

[注]

(1) 宮原順寛は，「エビデンスに基づく教育実践の評価は，目標と効果との関係を問うのみ
　であり，目標設定そのものの良し悪しを批判検討することはない。このため，むしろ目標
　設定者の意図を常に擁護するものとなってしまう」（宮原, 2016, 38）と指摘している。ま
　た，熊井将太は学級経営領域において測定可能な適切な行動と不適切な行動が取り上げら
　れ，「適切さと不適切さの決定権が教師（大人）の側のみに委ねられていること」（熊井,
　2016, 522）を指摘している。

第4章　授業構想の教授学

［文献］

・赤木和重（2014）「心理学からみた特別支援教育におけるエビデンス──『行動的数値化』から『具体的言語化』へ」. 三木裕和，越野和之，障害児教育の教育目標・教育評価研究会編『障害のある子どもの教育目標・教育評価──重症児を中心に』. クリエイツかもがわ. 54-69.

・熊井将太（2016）「『エビデンスに基づく学級経営』の批判的検討」中国四国教育学会編『教育学研究紀要（CD-ROM 版）』第 62 巻. 518-523.

・佐藤正明（2017）「給食指導を通しての児童の 3 年間の成長」. 障害児の教授学研究会編『エピソードから読み解く特別支援教育の実践──子ども理解と授業づくりのエッセンス』. 福村出版. 174-178.

・佐藤正明（2018）「自立活動を主とした教育課程での授業実践」日本特殊教育学会第 56 回大会自主シンポジウム発表資料（2018 年 9 月 24 日）.

・高井和美（2014）「こどもが『わかる』を大切にした授業づくり」. 難波博孝・原田大介編著［浜本純逸監修］『特別支援教育と国語教育をつなぐ ことばの授業づくりハンドブック──小・中・高を見とおして』. 渓水社. 20-38.

・高木啓（2012）「新しい学びの評価と授業づくり」. 山下政俊・湯浅恭正編著『新しい時代の教育の方法』. ミネルヴァ書房. 80-92.

・柘植雅義（2004）『学習者の多様なニーズと教育政策──LD・ADHD・高機能自閉症への特別支援教育』. 勁草書房.

・柘植雅義（2013）『特別支援教育──多様なニーズへの挑戦』. 中央公論新社.

・成田孝（2008）『発達に遅れのある子どもの心おどる土粘土の授業──徹底的な授業分析を通して』. 黎明書房.

・廣内絵美（2017）「事例研究会による授業改善の仕組みづくり」障害児の教授学研究会編集，障害児の教授学研究会編『エピソードから読み解く特別支援教育の実践──子ども理解と授業づくりのエッセンス』. 福村出版. 188-193.

・深澤広明（2013）「『三つの拍手』──『よさと可能性』への肯定的評価（指導的評価活動）」『授業力＆学級統率力』No.42. 108-111.

・別府哲（2009）『自閉症者の発達と生活──共感的自己肯定感を育むために』. 全国障害者問題研究会出版部.

・丸山啓史（2016）『私たちと発達保障──実践，生活，学びのために』. 全国障害者問題研究会出版部.

・丸山啓史（2018）「おおらかな世界をつくる──今日の特別支援教育に抗して」. 『人間と教育』No.100. 64-71.

・三木裕和（2014）「障害児教育における教育目標・教育評価の現状と課題──重症心身障

害児を中心に」．三木裕和，越野和之，障害児教育の教育目標・教育評価研究会編著『障害
のある子どもの教育目標・教育評価――重症児を中心に』．クリエイツかもがわ．10-32.
・三木裕和（2015）「特別支援学校における子ども理解と教育実践の課題」．『教育』No.837.
53-61.
・宮原順寛（2016）「教育実践における専門性の語りと記述と省察」．『学校臨床心理学研究：
北海道教育大学大学院教育学研究科学校臨床心理学専攻紀要』第13号．35-50.
・湯浅恭正（2018）「特別支援教育の実践研究とエビデンス論」．日本教育方法学会編『教育
実践の継承と教育方法学の課題――教育実践研究のあり方を展望する』．図書文化社．110-
122.
・吉本均（2006）『学級の教育力を生かす　吉本均著作選集　全5巻』．明治図書出版.
・渡部信一（2017）「教育現場の評価者は同時に『指導者』であるということ」．渡部信一編
著『教育現場の「コンピテンシー評価」――「見えない能力」の評価を考える』．ナカニシ
ヤ出版．171-192.

（吉田茂孝）

第4節

学習指導案の教授学

1.「ひな型」学習指導案から脱け出す

　研究授業を行うことになったら，授業者はどのような学習指導案に授業の内容を書いていけばよいかが気になることだろう。学校で学習指導案の書式を統一していることも多いが，これは学校で追究している研究課題に対して授業者が提案したり，授業参観者が同じ視点で授業を継続的に見ていくためには必要なことであると考える。

　ただし，学習指導案というものはあくまでも授業者の「視点」を表現するための型の一つであるという点を押さえることが重要である。また，学校全体で高めていきたいと考えている点にすべての教師が注意を向けて授業が展開されているということを確保するために学習指導案の書式を統一することが重要なのであって，型どおりに授業が進行したかどうかを見ていくためのものではない。

　とかく特別支援教育においては，「子どもが主体的に学べるようにする」ことを学習指導案の「ねらい」に書き記しておきながら，「特別な支援の手立て」が明確に記載され，結局のところ障害特性に応じて「教師が想定している通りに授業を進行する」ことが目指されている学習指導案も多く見かける。厳しい言い方をすれば，こうした学習指導案は，「主体的に学んでいる」と見せかけるために，教師が先回りして「手立て」を講じる方法を学習指導案に書き記しているにすぎないともいえる。そのため，子どもは主体的に学んでいるように思えても，実は授業が構造化され，教師の敷いたレールに知らないうちに乗せる方法を明示するような学習指導案となっているということもできるのではないだろうか。

　こうした指摘は，2017（平成29）年に出された新しい学習指導要領で求められている「主体的・対話的で深い学び」を実現するための学習指導案について

144

も同様に可能である。新学習指導要領では，単なる知識や技能を平板に学習するのではなく，アクティブに，そしてディープに学習することを要請するものであるが，「活動をしていれば，学んでいる」とならないように，あるいは「話し合っていれば，アクティブ・ラーニングである」という授業実践とならないように留意することが必要である。

　この点について，子安は「教師の教えの絶対化を避け，教えただけあるいは学びだけの理論枠組みを否定し，科学や文化の成果を学びとして生成的に取り入れる見地にたって授業を構想」することが重要であると指摘している（子安，2016, 27）。また，久田は，アクティブ・ラーニングで重要な「課題の発見」について，「教材内容の批判的検討をも必然的に内包する課題の共同決定」の過程を生み出すことが重要であることを指摘している。そのため，学習指導案についても，「緻密な指導案を作成し，細大漏らさずにその計画に子どもの主体的参加を囲い込むのではなく，学びと授業の進行・計画を立てること自体を授業の一部にすることもできる」と指摘している（久田，2016, 51）。

　以上のように，授業を生成的に，そして共同決定のプロセスを経て創り出していくものであるととらえるのであれば，授業構想の段階から検討しなければならない。これは，学習指導案を立案する際の課題でもあり，ある「ひな型」に授業の流れを書き込めばよいというものではない。本節では，こうした「ひな型」に情報を流し込むような学習指導案から脱却するために，どのような指導案を書いていくことが必要であるのかという点を検討したい。

2. 視点をもって学習指導案を書く

　筆者が「ひな型」学習指導案と考えているものは，主として「導入―展開―まとめ」の流れで書かれた形式である。こうした形式が日本の学習指導案の主流となっているのは，ヘルバルト派の影響[1]が強いと考えられるが，こうした「型」を固定化することの問題点はどこにあるのだろうか。

　柴田は島小学校[2]の授業案を取り上げ，授業の質は授業案を見ればすぐにわかると指摘する（柴田，2010b, 203）。島小学校の研究では，「授業案の形式は，個人とか学校とかによって，さまざまなものがあってよい」という前提になっ

第4章　授業構想の教授学

ている。それは，「授業案を書くことによって，教材の解釈とか，展開の方向
とかが，教師自身にはっきりしてくるようなものであればよい」ので，決まり
きった型に固定することはしていなかった。事実，島小学校では授業案の形式
は何度も変えていたと記されている（斎藤, 1970, 186）。

　具体的には，島小学校では，以下の6項目が学習指導案に記載されていた[3]。

（一）題材
（二）教師の解釈
（三）授業展開の角度
（四）全体の指導計画（○時間予定）
（五）この時間の目標
（六）この時間の計画

　なかでも，「（三）授業展開の角度」については，島小の授業案の質の高さを
象徴するものであると考える。すなわち，「授業展開の角度」とは，ある一つ
の文学教材を教師なりに解釈した結果，「文学的にもあつかえるし，言語的に
もあつかえるし，熟語の学習教材としてもあつかえるものであった」とする。
このとき，どういう角度からこの教材を扱うかを明確にすると，授業展開が明
確になるという。斎藤は，「授業展開の角度を鋭くきめられる教師だけが，単
純で明快で，振幅のある授業展開をすることができ，子どもに質の高い思考を
させることができる」と述べている（斎藤, 1970, 190）。

　これは，学習指導案を書くということは，まず，授業者が「何を教えたいの
か」という点を明確にするものであり，教材解釈をはじめ，教えるべき内容の
深い理解と，学習者の状況を十分にとらえたうえで，授業の展開を鋭く（角度
をもって）決めていくことが重要であるということである。

　これまで筆者が関わってきた授業づくりに関しても，教師が「ある視点」を
もって展開すると，生徒の学習が大きく変わったという例がいくつもある。そ
の一例を紹介すると，次のような実践が挙げられる。

　ここで取り上げる授業は，知的障害特別支援学校高等部生を対象とした食品
加工班の作業学習である。研究授業で事例対象となった生徒の実態について

146

は，「わからないことがあっても自分から聞くことができず，もじもじしていることが多」いことや，「自信のなさからか作業中は声も小さく，行動もマイペースである」といったことが特徴として挙げられていた。

こうした生徒が「人との関わりの中で主体的に働く力」を身につけていくことができるように，授業を改善しようとしたところ，この作業学習の担当教師は次のような「仕掛け」を考えた。すなわち，より主体的に授業に参加できるように，上記のような課題をもった生徒を「計量作業のチーフに指名」した（仕掛け1）。そのうえで，「二人で協力しなければ時間内に終えることができない作業量」に増やし，協力したり，工夫して作業に取り組めるかどうかを見てみた（仕掛け2）。

一方で，授業の振り返りのときに，目標に到達しなかった点を取り上げて，「なぜ時間内に終わらなかったのか？」「どうしたらもっと効率を上げて作業できるか？」を生徒に問いかけ，班で協力することを促す指導を繰り返した（仕掛け3）。こうした指導の中で教師は，生徒のプライドを刺激する言葉かけを行って，さらなる工夫を促していった（仕掛け4）。

こうした「仕掛け」をして授業を展開しようと考えたら，それまでの作業学習の学習指導案にも変化が表れた。これまでの作業学習の学習指導案では，製品の質を高めるために生徒にどのような点に気をつけさせて作業させるかが多く書かれていた。そのうえで，生徒の実態や特性などをふまえて，どのような補助具を，どのように活用したのかが書かれることが多かったと考える。

しかし，上記のような「仕掛け」を用意して授業を展開するとしたら，「作業を何分間続けるか」といった情報が学習指導案に書かれていても，そうした情報は大して重要ではなくなる。むしろ，作業中に生徒がどのようなことを考え，そのときに生徒が感じた困難に対して，教師や他の生徒がどのように関わるかという点に焦点を当てた学習指導案が必要である。本節で取り上げた作業学習は，「吹き出しの指導案」をつくり，授業過程において教師や他の生徒とどのように関わるかという点を記載していた[4]。

ここで例示した授業の学習指導計画を図示すると以下のようになる（図4-4-1）。作業学習では，60〜90分くらい同じような作業を継続することもあるが，そうした中でも生徒の内面を揺さぶり，教師が意図的に指導しようとする

第4章　授業構想の教授学

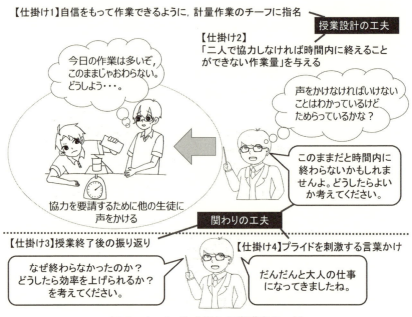

図4-4-1　吹き出しの指導案の一例

計画を立てることはできるだろう。

　こうした内容を学習指導案に書き記していくことで，教師が子どもの学びの過程の中で意図的・意識的に「問い」を発することができるようになる（発問の明確化）。そして，従来の時系列に沿った学習指導案の形式では，「発問」は「言語的な問いかけ」を書くことがほとんどであるが，図のような状況を描く学習指導案であれば，「態度」や「表情」なども含めて子どもに「問う」ことができ，アクティブ・ラーニングの時代に求められている「非認知能力」や「人間関係形成能力」等を育てる学習指導案にも発展させることができるのではないだろうか。

　また，特別支援教育の分野では，同じ教材を継続して用いることも多く，毎時間，新しい学習指導案を立案し，毎時間，主要発問が変化するという授業ばかりではない。こうした点をふまえると，図のような単元を通して取り上げる指導場面を描き，その中で「吹き出し」部分を少しずつ変化させるということ

第4節　学習指導案の教授学

が子どもの学びを深める過程を創り出す指導として有効であると考える。

　この「吹き出しの指導案」の意義について，筆者は従来の「時間」に縛られた学習指導案から抜け出すことができる契機となるものではないかと考えている。すなわち，「導入―展開―まとめ」として書き記される授業の時間軸に沿った指導案では，その時間にその指導をしていなければ授業をうまく展開できていない教師として見られてしまう危険性がある。しかし，「吹き出しの指導案」はこうした縛りから解放され，授業の中でこうした状況・場面を見てくださいというように表現するものである。そのため，個々の生徒の学びの過程を無理に教師や授業の流れに合わせることを少なくし，教師と子どもの関係性や個別性，あるいは状況の中で偶然に生じた出来事をも学びの過程に組み入れられる指導案となるのだと考える。

3.「個別性」と「偶然性」を許容できる学習指導案の立案

　以上のように，学習指導案とは単に子どもが主体的にやろうとしている姿を引き出すための工夫を書き記すものではなく，教師（教授）と子ども（学習）とそれをつなぐ教材の三者の相互作用を書き記すことが必要である[5]。そして，授業をこうした相互作用としてとらえるならば，「いつでもどこでも通用するような教授方法」が存在することはありえない。こうした授業の特質を，柴田は次のように指摘する。

　　授業はまさに一般的なものと個別的なもの，必然的なものと偶然的なもの，客観的なものと主観的なものとの統一としてある。……授業が教師と生徒とのあいだの人間関係のうえに成りたつものであるかぎり，教師の人格とか個性に属する主観的要因が，そこで大きな役割をはたすことを否定することはできないだろう。（柴田, 2010c, 17）

　こうした指摘は学習指導案を立案するときにも同様にいえることである。たとえば，知的障害児に対する国語の題材で「おおきなかぶ」を取り上げるのか，「はらぺこあおむし」を取り上げるのかを考えたとき，どちらを選択する

だろうか。学習指導案の立案という点でいえば，子どもたちにどのような力を身につけさせたいのか（単元のねらい）や，お話を読んだあとにできる学習活動はどのようなものか（授業展開）などによって最善と思われる教材を選択することが教師の思考のプロセスであるだろう。

　しかし，「おおきなかぶ」にしても，「はらぺこあおむし」にしても，「次から次へと人や物がでてきて，最後に〜になる」という大まかな展開は同じであるととらえれば，身につく力（あるいは教材の難易度）や授業展開はそれほど変わらない。こうなったときには，「子どもがこっちの話のほうが好きだから」とか，「教える私がこっちの話のほうが好きだから」というような，個別的に（あるいは好みの問題として）教材が決定されることもありうるだろう。

　あわせて，授業というものは予定どおり進めばよいというものではなく，むしろ偶然性の中で子どもが学習内容の本質に気づいていくという側面もある。こうした偶然性を尊重し始めると，学習指導の計画を立てる段階で緻密に準備をすることが難しくなる。特別支援教育では，作業学習や生活単元学習などの授業では，遊びや作業といった教材（あるいは素材）を中心に据えて，それを用いて活動する中で，さまざまなことを指導するというスタイルをとってきた。そのため，学習指導案が，「○○で遊ぶ」という程度の曖昧な，活動中心の授業展開が書かれるにとどまっているものも多くある。

　しかし，「活動」があるだけでは子どもの学びが深まらないことがあるという批判はこれまで多くなされてきた。アクティブ・ラーニングの重要性を指摘した中央教育審議会でも，「活動あって学びなし」とならないように留意しなければならないと指摘されている（中央教育審議会, 2016, 48）。

　もちろん，こうした学習指導案を立案する際の留意点は，アクティブ・ラーニングの時代に限ったことではない。たとえば，戦後の教育方法学の基礎を築いた一人でもある上田薫は，その著書の中で「授業案のなかに能力差に応ずるくふうがあるかどうか」がとても重要であると指摘している。彼は，「同一の教材を同じように扱って，能力の差がある子どもたちに適合するはずがない」と指摘し，「弱い子どものためには，特別の資料を用意せねばならぬこともある。念入りな解説を必要とすることもある」と述べた。また，授業というものは，「教師の眼が子どもたちに鋭く注がれれば注がれるほど，最初の計画どお

第4節　学習指導案の教授学

りにおし進めることのできない条件を発見する率も多くなる」ので，複線的に準備していくことが必要であるとも指摘した（上田，1973/1993, 252-253）。

このように，学習指導案とは授業者が教えたいことと，それを学ぶ子どもたちの実態とが衝突し，活動が展開している様子を描くシナリオのようなものである。ときには，アドリブや即興劇のように，台本の合間で予想しない展開が生じることもあり，学習の到達点が同じであっても，学びの軌跡（プロセス）が異なるので，同じ授業はないということになる。これは，同じシナリオで演じた劇であっても，まったく同じ舞台にはならないことを考えればわかることだろう。

4. 子どもの学びをつなぐ授業づくりと学習指導案

以上のように，学習指導案から見えてくる授業の特徴とは，「教えるべきこと」がありながらも，それが「固定されている（予定されている）」とはいえないものである。また，教師が同じように教えたとしても，学ぶ側の実態や関心によって，学びのプロセスや，ときには学んだ結果をも変化することがあるというものである。

こうした学びのプロセスを，上田薫は「ずれ・はみ出し」と称している。すなわち，「集団からも科学的法則からもはみ出したとき，そこにはじめて生きた人間が存在しうる」と上田は考えている（上田，1973/1993, 18）。つまり，教師は計画どおりに授業を進行しようとするが，学習者は必ずしもそのとおりに学んでいくわけではなく，ときに教師の意図から「ずれ」て学び，予定していた学習内容から「はみ出し」て学ぶものである。もちろん，教師は子どもの学びが教師の意図から「ずれ」てしまったら，そのずれを修正しようとするだろう。しかし，その場合は「ずれ」たところから学びが再出発をするので，もはや当初の教師の授業計画とは異なる軌跡を描き始めている。

そして，「ずれ」を修正しようとする教師の指導によって，当初の計画に戻ることができることもあれば，さらに「ずれ」ていく授業もあり，新しい「ずれ」へと突入することもある（上田，1973/1993, 116）。こうした「ずれ」による学びの連鎖と，そのつながりの中に学習指導案がどのように位置づけられるの

151

第4章　授業構想の教授学

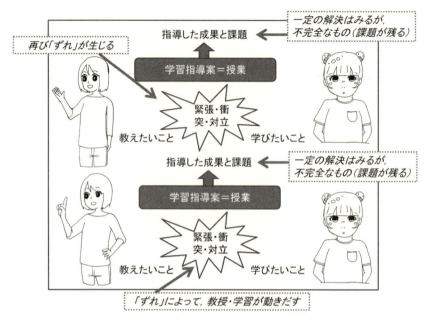

図4－4－2　学びの連鎖と学習指導案の位置

かという点を整理すると図4－4－2のようになる。

　すなわち，教師が「教えたいこと」と子どもが「学びたいこと」が一致することなど皆無であり，教師が提示する学習に対して，「わからない」や「できない」「やりたくない」といった緊張・衝突・対立の中で授業は展開されている。こうした中で，両者をなんとか統一しようとして教師は学習指導案を練り上げ，授業が展開されるのである。

　もちろん，そうした教師の努力の甲斐あって，「わからない」「できない」「やりたくない」といった緊張・衝突・対立の一部は解決するが，不完全なまま取り残される課題も生じる。そうした中で，再び次の授業が到来し，教師はその課題（すなわち，「教えたいこと」と「学びたいこと」の間に新たに生じた緊張・衝突・対立）に対応するべく学習指導案が立案される。

　教師の教授と子どもの学習は，こうした「つながり」の中で発展していくものである。そして，こうした「つながり」を創り出す重要な一コマに「授

業（学習指導案）」が位置づけられる。これは，教授も学習も不完全であるので，学びの余白が必ず生じ，その余白を埋めるべく授業（学習指導案）が立案されるということを意味している（上田, 1973/1993, 117）。

5.「共同的な学び」を創り出す学習指導案の立案

　これまで，教師の教授と子どもの学習の関係（対立）を鮮明に描くために，「集団」をあまり強調せずに論じてきた。しかし，学校教育で行われる授業であるならば，これまで指摘してきた授業づくり（あるいは学習指導案の立案）についても，単に授業における教師の主導的な役割のみを強調するのではなく，集団での共同的な学びを創造する学習指導の計画（学習指導案）を立案しなければならない。特に，アクティブ・ラーニングが重視される時代においては，これは欠かすことのできない視点であると考える。

　当然のことながら，子どもたちが集団の中で学び合うといっても，「○○を貸してください」とか，「〜をお願いします」というように，「発言形式の訓練」を促すような外面的な現象を生じさせることではない。そうではなく，自分なりに理解したことを他人に表現してみて，伝わったり伝わらなかったりする経験を通して，学習内容を自分のものにすることができるとともに，思考したり表現したりする力も身についていくのである。

　戦後の日本の教育方法学をリードした吉本は，このような授業づくりを「集団的な知的・表現的活動の組織化過程」と述べている（吉本, 1978, 99）。そして，こうした集団思考・表現の組織化を実現する際には，「おくれた理解」をする者の「つまずき」や「つぶやき」を拾い上げ，集団思考の場にひきあげていくことが重要であると吉本は主張する（吉本, 1978, 101）。

　これは，教師がそうした子どもの思考を「鋭く見抜き，それに味方し，同調しながら拾いあげる」ことで理解の進んだ子どもと，遅れた子どもの間に関わり合いを組織したり，授業に共感的なより高い統一を創り出していくことができると考えるからである。そして，そうした理解の遅れた子どもの疑問を取り上げる中で，「かえって『早くわかったもの』の理解や解釈の質や程度がきびしく問われることにもなるのであり，ときには『優児』のメッキがはがされて

第4章　授業構想の教授学

いくこともある」と吉本は指摘する（吉本, 1978, 101）。

　こうした授業過程を創り出すことが授業づくりにおいて重要であるのなら，学習指導案においても，教師が用意した学習内容について，どこで「つまずき」が見えてくるのかを予想するだけでは不十分である。そうした「つまずき」を集団で解決していくプロセスをも，学習指導の計画の中に含めて書き記すことが必要であろう。

　このように，学習指導案には教師の指導性がふんだんに盛り込まれていることが重要である。もちろん，このことは，教師主導で一斉指導をするという意味ではなく，教師の指導が子どもたちにはまったく見えないところで発揮されている指導性も含めて，授業をプロデュースすることこそが学習指導案であり，そうした企画力＝カリキュラム開発力こそが現代の教師に問われる力量なのだと考える[6]。

[注]

(1) 柴田は，こうした授業の構造を「かつてのヘルバルト派の『形式的段階』にとらわれたような授業構造」と指摘している。柴田も，「このように構造化することの可能な授業も実際にある」と述べながらも，「これが最善の授業構造であるかのように考えるのは形式主義である」と指摘している（柴田, 2010b, 190）。

(2) 島小学校は，戦後の授業研究をリードした斎藤喜博が校長を務めた学校で，教材研究から発問，授業展開など，さまざまな視点から授業の方法を実際的に論じている。

(3) この授業案形式は，1962（昭和37）年12月に発行された『島小の授業』に使われているものである（斎藤, 1970, 187-188）。

(4) この授業の詳細は，錦織ほか（2015）を参照。また，ここで図示した「吹き出しの指導案」は，幼稚園の研究保育のときの指導案や，小学校の生活科の研究授業などで用いられる学習指導案を参考にしたものである。

(5) この点について柴田は，「教授─学習過程と発達過程とを同一視するのは誤りであり，両者の相互関係をこそ明らかにしなければならない」と指摘している。また，「授業過程の主体を子どもだけとみる」のは「児童中心主義がまちがっているのと同じ」とも指摘している（柴田, 2010c, 99）。

(6) 吉本は学習指導案を「子どもたちが教師の働きかけ，呼びかけによって，どのように動き，考え，表現するかについてのあらかじめの構想」と考え，こうした「呼応のドラマ」を生起させることが指導案であると述べている（吉本, 2006, 128）。

第4節　学習指導案の教授学

［文献］

- 上田薫（1973/1993）『ずれによる創造——人間のための教育』. 黎明書房.（引用は1993年版を用いた）
- 子安潤（2016）「生成的学習集団への転換」. 広島大学教育方法学研究室，深澤広明・吉田成章責任編集『いま求められる授業づくりの転換』. 渓水社. 42-52. 19-30.
- 斎藤喜博（1970）『斎藤喜博全集6　授業の展開 教育学のすすめ』. 国土社.
- 柴田義松（2010a）「授業の構造と設計」. 『柴田義松教育著作集5　授業の基礎理論』. 学文社. 181-196.
- 柴田義松（2010b）「『島小』の授業」. 『柴田義松教育著作集5　授業の基礎理論』. 学文社. 181-196.
- 柴田義松（2010c）「授業過程の原動力」. 『柴田義松教育著作集6　授業の原理』. 学文社. 97-109.
- 中央教育審議会（2016）「幼稚園，小学校，中学校，高等学校及び特別支援学校の学習指導要領等の改善及び必要な方策等について」. 平成28年12月21日.
- 錦織聡子・赤荻浩之・神戸久美子・芦田良衣・山崎敏子・渡邉慶・三中西純・奥本富美子・新嶌一隆・新井英靖（2015）「人との関わりの中で主体的に働く力を育てる作業学習——吹き出しの指導案およびエピソード記述を用いた実践研究」. 『茨城大学教育実践研究』. 第34巻. 81-95.
- 久田敏彦（2016）「アクティブ・ラーニングと学習集団研究」. 広島大学教育方法学研究室，深澤広明・吉田成章責任編集『いま求められる授業づくりの転換』. 渓水社. 42-52.
- 吉本均（1978）「授業における集団思考・表現過程の指導」. 日本教育方法学会編『現代訓育理論の探究』. 明治図書出版. 94-104.
- 吉本均（2006）『学級の教育力を生かす　吉本均著作選集4　授業の演出と指導案づくり』（子安潤・権藤誠剛編）. 明治図書出版.

（新井英靖）

第5章

教授学を支える教師論

第1節

授業研究を通した対話づくり

1. 授業研究と校内研究

(1) 子どもも教師も対話の中で考えを深めながら学び育つ

　知的障害特別支援学校教員として14年間勤務する中で，授業方法や子ども理解・教材理解の仕方の多くは，同僚の先生方から実践を通して学んできた。授業研究会という形にこだわることなく，たとえば，生徒の下校を見送り，学校へと戻るほんの10分足らずの時間，あるいは，放課後に教室で翌日の授業準備をしている時間に，その日の授業を振り返って語り合うことがとても貴重な学びの時間だった。「Aちゃん，とっても楽しそうでしたね」「Bくんはどうしてあんな行動をしたのでしょう」等，素直に気づいたことや思ったことを先輩教員にぶつけ，子ども理解の仕方を学ぶ。「先生はどうしてあの場面でCくんにあのように言ったのですか」「どうしてあの教材を使ったのですか」等と，教師の働きかけの裏にある指導意図からそれぞれの教師の技や考え方に触れることもあった。経験を重ねるにつれ，同年代の教員や後輩の教員とも，授業や子どもについて語り合い，今後の方針を描くようになった。教師も子どもたちと同じように，わからないことや疑問があれば尋ね，経験の豊富な人からさまざまなことを教えてもらい，対話の中で考えを深めながら学び育つという考えを基本とし，教え合い学び合うことが日常となるような教師集団に育つことが大切だろうという考えが生まれ，それをもとに授業研究に取り組んだ。

(2) 学校全体の教育理念が校内研究を支える

　校内研究を推進するためには，学校全体としての教育理念や方向性が明確である必要がある。長年勤務した特別支援学校には，校内研究の根本的な考え方である伝統的な教育観が根づいていた。それは，「子どもを『成長への意欲を原動力として学び育ち，生活を切り拓いていく主体』としてとらえ，子どもを

『教える・育てる・支援する対象』とみるだけではなく，『（私たち大人と同じ）一人の生活者』として関わる」という考え方だった。子どもは，人・もの・ことと関わり合いながら，生きるために必要なさまざまな力を獲得し，さらにその力を使って生きて生活を豊かにしていこうとする。その原動力となるのは意欲である。教師は教える人・子どもは教えられる人といった固定的な立場で学校生活を過ごすのではなく，教師は，子ども自身が学ぶ意欲をもって主体的に学校生活を創っていけるように，子どもに関わることが大切だと繰り返し学んだ。その考えをもとにして，授業研究を行い，学び育つ主体である子どもの立場から，子どもに必要な学校生活を求めて授業を創り，子どもの姿から授業を評価し改善することを繰り返し，よりよい教育課程づくりへ反映させようとしてきた。授業研究は，それぞれの授業の質を高めるための研究はもとより，学習単元の構想（開発）・学習指導案の書き方・授業後の研究会のもち方等，授業づくりに関わるシステム開発等も行った。

ここでは，校内研究で取り組んできた内容から，「子どもの姿から授業を振り返る」ことに力点を置いた授業研究を通して，子どもを理解する力や子どもに働きかけていく力，授業を創る力をどのように高めるかを2つの実践をもとに報告する。

2. 授業中の子どもの写真を活用した授業研究会（振り返りと授業改善）

中学部の合同生活「つくろう！あそぼう！たべよう！」という自己選択・自己決定をテーマにした授業（単元）の実践である。合同生活は，いわゆる各教科等を合わせた指導で，中学部生徒全員を対象に，中学部教師全員で取り組む授業である。全教員で全生徒のことについて語り合い，①事前研究（授業の構想），②授業の実施，③事後研究会，というサイクルを重ねながら子ども理解を深めるとともに，授業力の向上を目指している。授業中に起こった事実から授業を振り返るために，授業時に授業者全員がデジタルカメラを持ち，目に飛び込んでくる子どもの姿を撮影する。そして，放課後の事後研究会でその写真を授業者全員で見ながらそのときの出来事について語り合うという授業研究会を行ってきた。

第5章　教授学を支える教師論

(1) 合同生活「つくろう！あそぼう！たべよう！」の概要

　筆者が勤務していた学校では，自然豊かな学校環境を生かし，児童・生徒が全身を使って外界に変化を生み出す活動や，友だち・教師と協調・協力し合う活動を通して学び育つことを大切にした授業・学校生活（教育課程）づくりを進めている。その中で「つくろう！あそぼう！たべよう！」は，中学生が自分でやりたいことを選んで，決めて，参加する授業である。そこでは，生徒が学び身につけてきた種々の力を発揮したり，新たなことに挑んだりする意欲的な姿や，友だち・教師との関係を発揮して生き生きと活動する姿を期待される。「本人主体と参加」を重視し，生徒が自分のことを自分で選び決めるようになること，さらに，選択理由に影響する本人の価値観をより社会的な方向に広げ高めていくことを目指す授業である。

　毎回，4種の活動コーナーを教師が設定し，生徒が自分でコーナーを選んで活動に参加する。活動コーナーとは，たとえば「杉の丸太でアスレチック遊具を作ろう」「竹でブランコを作ろう」「かまどを作って調理用の火を焚こう」「昼食の焼きそばを作ろう」等で，作るものは毎回変える。午前中（1〜4時間目）をすべて使い，「その日の活動コーナーを知る」ことを導入にして，「選んでコーナーに参加」し，「昼食を食べて，遊具等で遊ぶ」までを行う。教師は，授業全体の進行，各コーナーの指導，生徒の選択決定の補助，人数の多いコーナーの指導補助などを分担し，ティーム・ティーチングによる授業を展開する。

　普段の授業の指導体制は，生徒8名に対して教師2〜3名，あるいは，1〜6名を1人で指導するなど授業によってさまざまである。その中に，本授業のような教師全員で生徒全員に関わる授業を設定することによって，教師全員が一つの授業のために知恵を出し合い，協力し合い，議論し合い，学び合う時間を生み出した。

(2) 教師同士が学び合いながら授業を創る

　誰がどのコーナーで活動するかは生徒一人ひとりの選択に委ねられるため，生徒が「やってみたい（選択したい）」と思えるようなものやことを授業の中に豊富に用意しておかなければならない。さらに，どの生徒がどの活動を選び参

第1節　授業研究を通した対話づくり

加しても，「選んでよかった」という実感が得られるように，どのように指導・支援するかを考えておく必要がある。そのために，授業者で，①事前研究（授業の構想），②授業の実施，③事後研究会，という授業研究のサイクルを積み重ねている。

①事前研究（授業の構想）

　まず，学校生活全体や各教師が担当する授業の中で，生徒が興味・関心をもって活動したこと，教師や友だちとの関係の広がりや深まりを感じた出来事，集団参加の様子の変容などについてざっくばらんに情報を出し合う。その情報をもとに，生徒一人ひとりが存分に活動したり，興味・関心が満たされたりするような作るもの（遊具等）や活動内容を考える。

　次に，具体的な授業展開の仕方や活動の場のつくり方，教師の役割分担について，過去の実践を思い出して現在の生徒にふさわしい内容や方法を考え，授業のイメージをつくり上げていく。たとえば，活動コーナーの情報提示の仕方について，今年の生徒たちには，遊具の完成図を示したほうがわかりやすく，「次はこの部分を作ろう」等と相談しながら活動を進めるのではないかと考えたり，使う道具をたくさん並べることによって，興味・関心が高まり，活動意欲が増すのではないかと考えたりする。

　授業や教材準備も，全教師で協力して行う。どの生徒が来ても，また人数がどれだけでも生徒の思いに応えられるように，生徒を思い浮かべながら活動の場や道具・材料を準備する。活動意欲や道具操作の技能が高い生徒のために，目を輝かせて挑みそうな新しい活動を準備したり，人の多い場所が苦手な生徒のために，少し離れた場所に活動の場を準備したりする。道具や材料を前に，教師みんなで試作品を作ったり，道具のメンテナンスをしていると，新しいアイディアが生まれたり，知らなかった教材や道具の使い方を知ることができたりするところが教師の学び合いである。授業場所で生徒のことや道具・教材のことを話しながら生徒が活動する姿を思い浮かべて準備する時間はとてもわくわくする。

②授業の実施

　①で授業のイメージはできあがり，その過程で学習指導案も作成するが，実際の授業は，ここから教師と生徒が関わり合いながら活動し創り上げていく。

161

第5章　教授学を支える教師論

　はじめに，生徒全員に対して4つの活動コーナーを紹介する。

　次に，各コーナーを見学・体験する「デモンストレーション」の時間をとる。各コーナーの担当教師が，5分程度で生徒たちの興味・関心を掻き立てるように作るものや活動内容等をアピールする。生徒たちはすべてのコーナーを回ったあと，自分で選んで決めてそれぞれのコーナーに参加しにいく。コーナー担当教師は，その生徒と人数に応じて授業を展開する。

　最後に，できあがった昼食をみんなで食べ，自分たちが作った遊具や施設で実際に遊ぶ。

　教師は1人1台デジタルカメラを持ち，授業中の出来事を記録しながら授業を行う。もちろん生徒への指導・支援がメインだが，一人ひとりの生徒に期待する姿（個別の方向目標）をイメージしながら多様な働きかけをしていると，生徒のがんばりや楽しそうな表情，真剣な姿など，期待どおりの姿・期待以上の姿を目の当たりにする。そのような，思わず目に飛び込んできた姿をデジタルカメラでとらえるのである。

　教師は，授業中，互いが見える場所で役割分担をして生徒たちと一緒に活動している。ここでも教師同士の学び合いは多く，生徒の姿だけではなく，教師が一緒に写る姿をデジタルカメラに記録することも多い。たとえば，発問や教材提示の仕方，複数の生徒が一つの活動コーナーに集中したときに，授業展開を瞬時に組み直して活動を割り振り，同時に活動できるようにする指導，生徒同士が協力し合うような場の設定，生徒たちが自分たちで考えて行動できるような言葉かけ，不安の強い生徒と一緒に活動し安心させる支援等，さまざまな指導・支援方法を目の当たりにし，驚いたり納得したりして，学びを深める。

③事後研究（振り返りと次時の構想）

　事後研究会では，生徒一人ひとりの選択決定の様子や活動参加の様子を振り返り，どんな選択理由（思い）で参加したのか，それらの思いを実現し，満足感・達成感・存在感を得られていたかを教師みんなで語り合い，次の授業を構想する。そのために，全員が撮った写真を時系列に並べ，スクリーンに映して順に見ながらその場面の話をする。写真が映し出されると，撮影した教師が「何をしているところの写真か」「なぜその姿を撮ったのか」を語る。撮影した

教師にとってその生徒の姿が、どのような意味をもつのか、その場面をどのように見て、感じて、とらえたのかが語られる。続いて、その場面を見ていた他の教師も語り、さらにその現場を見ていない教師も写真を見て感じたこと・とらえたことについての意見を重ねる。写真に写ったその場面の姿について話すことがきっかけとなり、その生徒の、他の授業での姿との共通性や、以前の同じような場面での姿からの変容が語られることもある。その中で、子どもの姿の見方や感じ方、とらえ方について意見を交わし、生徒の姿を見る力・感じる力・とらえる力・解釈する力を高めていく。

　生徒の姿とともに、教師の指導・支援場面が撮影された写真も多い。指導・支援場面を写すことによって、そこに写る教師の指導・支援意図について話され、教師同士の学びが生まれる。たとえば、多くの生徒の視線が一人の教師の示範に注がれている写真からは、教材提示の仕方や示範の仕方を学ぶ。生徒が教師と競い合いながら生き生きと活動する写真や、教師も生徒も一緒に必死になって大きな岩を掘り出そうとしている写真からは、教師も一緒に活動することの意味とその方法を学ぶ。斜面で竹を伐り倒そうと懸命にのこぎりを引く生徒と、その生徒が斜面で姿勢を保持し続けられるようにかたわらで必死に支える教師の写真からは、生徒を主体とした教師の支援の仕方を学ぶ。写真から、その姿を生み出した教材や教具、指導・支援、生徒と向き合う教師の姿勢などを語り合い、学び合う。そして、その学びは、各自の授業へと反映されていく。

(3) 生徒の「今の姿」を出発点にした振り返りと授業改善

　授業者が授業中に撮影したデジタルカメラの画像を映しながら授業の振り返りを行うことには、以下のようなよさがある。

- ・子どもの様子等を気軽に記憶に残すことができ、忘れていたとしても画像を見ればそのときの様子を思い出すことができる。
- ・画像を映し出すことにより、語り手（撮影者）はそのときの様子を参加者に伝えやすく、参加者と共有しやすい。
- ・複数の授業者が撮影した同じ場面の写真からは、撮影者の価値観が共有されていることに気づくことができる。

第5章　教授学を支える教師論

　一回の授業で写真は数百枚に及ぶ。参加者からは写真を見て語り合う授業研究会は比較的自由に発言がしやすいという意見が多く，あっという間に2時間が過ぎる。多くのことが語られることによって子ども理解が深まり，次の授業構想に役立てることができる。一方，授業中に写真を撮ることに熱心になりすぎて枚数が増えすぎてしまい，エピソードがあまり語られず，次の授業構想に生かす内容が少なくなることもある。一枚の写真から何を語りたいのかという意図をもって，撮影することが大切である。

　さまざまな経験をもつ教員と共同で授業づくりを進めるうえで，①事前研究，②授業の実施，③事後研究，という授業づくりのサイクルを，しばしば「授業づくりのPDCAサイクル」と呼び，①事前研究：plan　②授業の実施：do　③事後研究：check & actionと考え，共有してきた。しかし，実際の授業づくりでは，plan（計画）に沿ったcheck（評価）ばかりをしていたのではなく，これまで述べてきたように，授業者全員でその時々に見せる生徒の今の姿をとらえ，内面を解釈することに努めてきた。その過程では，もともとの生徒に期待する姿：plan（個別の方向目標）が合っていなかったのではないかと，目標さえも考え直すことがあった。さらに，授業当日まで誰がどの活動コーナーを選ぶのかがわからない本授業では，本時の子どもの具体的な学習目標を立てることができず，教師は，生徒が選んで参加してきた時点で，その場で瞬時に一人ひとりに期待する姿を頭に思い描き，発問したり指示したり，一緒に活動したりしながら働きかけを修正し続けた。また，そこでも期待する姿を細かく修正することもある。このような教師の営みは，本来のPDCAサイクルを超えた，より複雑で研究的な視点をもつものであったと考えられる。

3. 子どもの姿から意味を省察し，解釈する力を鍛える事例研究会

　私たち教師は，子どもと関わり合いながら，一人ひとりを見つめ，子どもの行動や言葉，表情などから感じ取れるものや伝わってくるものに基づいて，考えや気持ちをとらえたり想像したりしながら，子どもに応え，働きかけている。ときにはとらえ違うこともあるが，それはその後に続く関わり合いの中で修正されていく。日々の子どもとの関わり合いはこの繰り返しであり，その積

第1節　授業研究を通した対話づくり

み重ねが子ども理解を深め，一人ひとりが生きる教育に結びついていくと考える。

　子どものことを少しでもよくわかるために，また，子どもの姿を見る力・気持ちをとらえる感性・子どもの行動の意味を解釈する力を高めるために，そして，次の実践を少しでもよいものにするために，事例研究は有効な方法だと考え，教師一人ひとりが授業実践事例を書き，授業を質的に評価する事例研究を続けている。

(1) 事例記述・事例研究会の進め方

　授業での生徒の姿や授業研究会で語り合った内容の中で，特に心にとめ，他の教師に知らせたいと思ったことを教師それぞれが事例として記述する。その際，次のような工夫をしている。

- ・事例は，「タイトル」「背景」「エピソード」「考察」で構成する。
- ・概要が一目でわかるような「タイトル」をつける。
- ・授業の様子がよみがえるような文章で「エピソード」を書き，それを補足するために「背景」を描く。
- ・「考察」には，「エピソード」に記述した姿をどのように解釈したか，その姿が現れた要因は何かなどを記述する。

　事例研究会は，それぞれが書いた事例を持ち寄り，一人ずつ発表する。発表者以外の教師が，エピソードに対する質問をしたり，考察について共感したり別の考えを提案したりする。

　たとえば，「タイトル：思いきり自分の力を発揮するようになったＡさん」という事例（次頁参照）。これは，これまでどんな場面でも思いきり力を出すことがなかったＡさんが，校内の竹林の竹を切って，仲間が待つ広場まで重い竹を一人で運びきった，そんなＡさんの姿に感動して書いた事例である。

　エピソードには，授業中のＡさんの様子が読み手に伝わるように，Ａさんの姿や授業者（筆者）とのやりとりを具体的に書くようにした。背景には，これまでＡさんが全力を発揮する姿を見たことがなかったということを中心に，この場面をエピソードとして切り取った理由を書いた。考察には，「思いきり力を発揮する」ことが9回の授業の中でいかにＡさんに伝わり，力を発揮す

165

第5章　教授学を支える教師論

「タイトル：思いきり自分の力を発揮するようになったAさん」

●背景

Aさん（中3）について

〈活動への意欲〉誘いかけに応じて行動することが多い。仲間の姿を見てしようとすることはあるが，自分から活動を始める様子はあまり見かけない。

〈道具操作〉操作に興味をもち，経験を積むことで上達しているが，道具の効力的な使い方を理解して操作しているのではないように感じる。

〈身体の使い方〉ぎこちない身体の動かし方はしないが，100m走で力を抜いて走っているように見える等，力を出しきって活動することがないように感じる。

〈他者の言葉や行動の理解〉「赤いのこぎり，取ってきて」程度の指示は理解して行動に移せる。友達がほうきで掃くのを見て自分からちりとりを用意する姿も見られる。未経験のことは，周りの様子を見て同じようにしようとするが，行動の意図を理解するには時間がかかる。

授業について「屋外作業（竹の間伐）」

　校内の竹山に生える竹を伐採し，山を整備する単元である。9回の単元を通して一人の生徒が伐採から運び下ろし，竹の枝を払うまでの一連の活動をやりきれるようになることを活動目標とした。Aさんには，一緒に活動する仲間3人の姿を見てモデルにしたり励まし合ったりしながら活動を進め，徐々に活動意図を理解し，自分の行動に満足感や達成感を得られるようになってほしいと期待していた。

●エピソード「竹運び：それが『しんどい』『暑い』ってことだね！」

　山から伐採した10m以上もある竹を山の下の道路まで運び下ろす。竹は10kgを越えることもあり，大人でも過酷な仕事である。

　Aさんは毎回，竹を両手で抱えたり，根元に回って竹を持ち，引っ張りながら後ろ向きに歩いたりして少しずつ斜面を下ろした。どの向きが運びやすいのか自分で考えて持ち変えているようだった。私はAさんが自分なりに工夫して何とかしようと奮闘することが彼女の学び育ちに繋がると考え，時間がかかっても最後まで一人で運んでもらうようにした。道路まで下ろせたときには「よくやった！」という気持ちを込めて，毎回抱き合って喜んだ。

　最後の授業でAさんは山から竹を下ろした後，そのまま30mほど離れた広場まで一人で運ぶことになった。1年生がそうめん流し台づくりで使う竹を渡しに行くのである。少しずつ持ち上げて引っ張っては下ろし，引っ張っては下ろしを繰り返す。精一杯の力を物語るように，額には汗が流れTシャツの背中も汗でびっしょりで色が変わっていた。「Aさん，すごい！がんばれ！」と声をかけると，「しんどい」「暑い」と声を振り絞るように答えた。周りには私以外にも数名の教師がいたが，だれも補助せず見守った。Aさんならやりきれると思っていたからである。むしろ，ここで手伝われたらAさんも嬉しくないだろうと思った。とうとう30分かけて一人で運びきった。フラフラになりながらも笑顔だった。こんなに汗だくで活動するAさんを見たのは初めてだった。

166

第1節　授業研究を通した対話づくり

●考察

　竹を運び下ろす活動はＡさんにとって分かりやすかったようで，単元の最初から竹を押したり引いたりして懸命に下ろそうとする積極的な姿が見られた。傍で筆者が竹の持ち方や引っ張ると竹が動く様子を見せたり，細めの竹から始めて徐々に重い竹にしていったりすることにより，下ろし方を学び，その手応えを感じ，学んだことを応用して力を発揮するようになっていった。

　最後の授業で最大の難関を迎えた。Ａさんが汗だくになりながら重い枝付きの竹を30ｍも運ぶのは初めてのことで，必死で力を出していたと思う。Ａさん自身，これぐらい頑張ったら，こんなにしんどくなったり暑くなったりして汗をかくということを，初めて体験したのではないか。そして，そのような状況に置かれてこそ，「しんどい」「暑い」という言葉が実感を伴って出てきたように感じる。

　全力を発揮するためには，意欲はもちろん必要であるが，身体の使い方や自分の身体的な限界を自分自身が知る（分かる）ということが必要だ。これらは，五感を通して身体的に学ぶことで身につくことであると考える。竹運びのなかで，意欲が継続されるように成功経験を積むステップを積み重ねながら，身体への負荷を上げていき，その都度，自分の行為に対する結果を「目で見たり」「耳で聞いたり」「手応えを感じたり」して，結果的に精一杯力を発揮できるようになった。Ａさんが様々な身体感覚を通して，自分の力の限界に挑戦できたのである。実際の授業場面では，竹が重すぎたり下ろしにくい方向に倒れたりして，うまくいかず，きれいに段階的に学習を進められないこともあった。そんな中でも，Ａさんは仲間の励ましや，みんなも頑張っているから自分も頑張ろうといった気持ちを支えに努力を重ね，自分の力の限界を広げていったのではないかと考える。

る姿につながったのか，自分なりの考えを書いた。事例研究会で，さまざまな意見や質問に答える中で，Ａさんが思いきり力を発揮できた背後にある多数の要因や条件について考えを深めることができた。

　このように一つの授業の一場面のことを思い返し，掘り下げて考えることは時間のかかることであるが，授業実践事例をいくつも書きためていくと，次に同じような生徒に出会ったり授業で同じような状況に置かれたりしたときに，事例のエピソードや考察が鮮明に思い出されるようになり，教師としての自分の引き出しが増えたように感じられるようになる。自分の実践を記録し，読み返し，他者に伝えるための文章にしようと省察を繰り返したからこそ，こう感じられるようになるのである。また，事例研究会で多くの先生方に聞いてもらうことによって，「あまり考えずに子どもに働きかけていたことにも意味が

あったんだ」等と，教育的な価値観について学べたり，次の授業実践を進める
ときに「あの先生ならどのようなとらえ方をされるだろう」等と，以前の事例
研究で学んだことを思い出しながら実践を考えたりするようになる。

　事例研究は，授業中にとらえた子どもの姿を記述し，その姿を意味づけし，
その姿が生まれた要因や条件を分析する。そのことによって子どもの行動を見
つめ，気持ちの動きを感じ取る力，それを授業展開に反映する力を高めること
や，子どもが学び育つ姿に基づいた授業改善ができるようになる。事例研究
は，このような授業力を向上させる方法，授業改善の方法としての意義をもつ
と考える。

4. 子どもを主体ととらえて，内面を感じ取る力を磨く

　授業の中で子どもは，教師や他の子どもたちとの，教材を介した関わり合い
の場で学び育つ。私たち教師は，そのことを意識し，教材を介した関わり合い
をイメージして授業を計画し，実行する。だが，授業は計画どおりに展開する
とは限らない。私たちは，授業の場に表れる子どもの姿をとらえ，それに基づ
いて瞬時に計画を練り直しながら目標に向けて授業を展開していく。その際，
子どもの行動を見つめるとともに，内面を感じ取ることが欠かせない。だか
ら，教師はまず，子どもを自分なりの思いや考え，感情をもつ主体として認識
することを基本として，行動を見つめ，気持ちの動きを感じ取る力を高めるこ
と，それを瞬時に授業展開に反映させる力を高めることが求められる。授業の
振り返りを大切にした2つの実践を報告したが，これらもよりよい方法や内容
を求めて模索中である。授業実践が教師の独りよがりにならず，常に子どもの
立場に立って進めていけるように，教師同士の学び合いが継続できるように，
実践研究を進めていきたい。

[文献]
・北川剛司・樋口裕介（2018）「学習集団研究からみた『カリキュラム・マネジメント』の
　課題」. 深澤広明・吉田成章編『学習集団づくりが描く「学びの地図」』. 渓水社. 22-38.
・京都教育大学附属特別支援学校（2017）『京都教育大学附属特別支援学校紀要』第22号.

・障害児の教授学研究会（2017）『エピソードから読み解く特別支援教育の実践──子ども理解と授業づくりのエッセンス』. 福村出版.
・廣内絵美（2016）「若手もベテランもみんなで創る『自己選択・決定』をテーマにした授業」.『実践障害児教育』第 43 巻第 12 号. 16-19.

［付記］

本節は障害児の教授学研究会（2017）および廣内絵美（2016）に掲載されている原稿をもとに，本節の主旨に沿って加筆修正を加えたものである。

（廣内絵美）

第2節

先人の授業実践記録との対話

1. 先人との対話の必要性

　障害児教育においても，現状を分析し，評価し，これからの展望を築いていくためには，過去の経緯に熟知することは不可欠である。本節では，今日に至るまで多くの障害児教育を担当してきた実践者の中より，大きな転換をもたらしたと考えられる先人を取り上げる。特に，授業を切り拓いた人物を，当時の新しい観点に立ってリードした研究運動に注目して選択してみた。これらの人物には一定の論理性があるからである。

　今日の授業に関する研究動向を眺めてみると，①通常の学校・学級における特別なニーズ教育・授業理論をどのように発展させるのか，②多様なニーズのある子どもたちの形成する諸能力をどのようにとらえ全校的構築をはかるか，③子どもの可能性を引き出すための授業方法の開発をどのようにするかなどの教育課題がある。

　「温故知新」という言葉のように，教育の今日的課題を解決するために，障害児教育の歴史をよりよく理解し，授業をより促進しうるような教材の一つになればと考える。

　先人たちは，今後の教育実践・授業づくりの先駆けとなればという思いを抱いて，懸命に努力し，開拓してきたのである。歴史的な教育遺産から学ぶねらいはここにあろう。以下に先人の実践ポイントを紹介する。

2. 学校づくり，地域づくり——保護者の要求，教育権を大切に

　青木嗣夫（1928～1995年）は，京都府与謝郡桑飼村（現・与謝野町）で生まれる。1948年，京都師範学校本科を卒業し，故郷の桑飼小学校に着任する。1951年，同小学校の障害児学級の担任となる。1954年に宮津小学校に転任し，

障害児学級の担任をしつつ，与謝の海養護学校開設準備室を担当する。1969
年，京都府立与謝の海養護学校が高等部教育から出発し，1970年に小学部と
中学部を設置して開校している。青木はここに教諭，副校長，教頭，校長とし
て15年間在職した。その後，野田川町立三河内小学校，紅陽中学校に異動す
る。著書に『未来を切り開く障害児教育』（鳩の森書房，1970年），『僕，学校へ
行くんやで』（鳩の森書房，1972年），『育ち合う子どもたち』（共著，ミネルヴァ書
房，1973年），『君がいて　ぼくがある』（ミネルヴァ書房，1976年），『僕らはみん
な生きている』（共著，あゆみ出版，1978年）など多数。

　わが国は1979年に養護学校義務制を施行する。それまでは多くの障害児は
学校へ行けなかった。行けないどころか，ある調査では，不就学障害児の死亡
率は学校在学児の数十倍という結果が報告されている。「学校に入るなという
ことは，生きるなということ」だったのである。文部省（現・文部科学省）は通
達で多くの障害児を「教育にたえることのできない」者とし，就学猶予や免除
を強いた。青木らの取り組みは，こうした状況に抗して，障害児を教育から排
除するという文部省の特殊教育政策へのアンチテーゼだった。

　1960年代後半に入ると，障害児を育てる保護者，教職員を中心に，「学校に
行きたい，友だちがほしい」を合い言葉に教育権保障を求める運動が京都北部
をはじめ全国各地で展開された。1978年に「京都府における障害児教育の推
進について」をまとめ，養護学校義務制をめぐって先駆的働きをしている。

　この運動によって設立された与謝の海養護学校は，学校設立の基本理念を3
つにまとめた。①すべての子どもに等しく教育を保障する学校をつくろう，②
学校に子どもを合わせるのではなく，子どもに合った学校をつくろう，③学校
づくりは箱づくりではない，民主的な地域づくりである。ここからは，障害児
学校に限らずすべての学校が目指すべき学校像を学ぶことができる。さらに，
「重度は学校の宝」と位置づけ，保護者の要求によって，対象となる子どもの
障害の種類や程度の広がり，学校規模も拡大し，教育内容をも変えていった。
設立運動を通じて，障害児の人間的発達を保障し，すべての子どもに等しく教
育を保障する体制として，常駐の校医，看護婦の配置，子どもと教職員の集団
づくり，後期中等教育の保障，学校を地域の砦とすることなどを唱え，実践し
ていったことなどに特徴がある。何よりも青木の活動は，基本理念を掲げ，基

第 5 章　教授学を支える教師論

本的人権を侵すことのできない永久の権利とし，人間の尊厳を確立するための不断の努力をしたものとして意義をもつ。学校を設立させた運動は学校づくりで終わらずに，地域に発達保障のネットワークを築くといった偉業を成し遂げた。まさしく既存の概念を，既存の制度を超え，新しい学校づくり，地域づくりが力強く進められたのである。

3. 教育課程づくり

(1) 喜田正美の町田養護学校での実践──カリキュラム構想

　喜田正美（1928 年〜）は，東京で生まれる。1948 年より杉並区立阿佐ヶ谷中学校で教師生活を始める。1960 年より小金井市立小金井小学校の障害児学級を担任し，その後，都立八王子養護学校，町田養護学校，杉並区立済美養護学校等を経て，1986 年に定年退職を迎える。著書に『障害児の発達と教育課程』（ぶどう社，1980 年），『子どもに遊びと手の労働のすばらしさを〈2〉障害児教育の実践』（共著，あすなろ書房，1980 年），『障害児の自我形成と教育』（ぶどう社，1984 年）など多数。

　ここでは町田養護学校での実践に注目してみる。東京都は 1974 年より障害児の希望者全員就学を実施，町田養護学校はその前年に開校している。赴任当時の子どもたちの様子は，喜田がそれまでに経験したことのない重度の障害児（重いてんかん発作，自閉症，車いすなどの子どもたち）であった。彼らの教育をどのように行うべきか，自分たちが日々の実践を重ね，教育の効果を検証するといった実践の繰り返しを少しずつ蓄積していっている。最初の著書である『障害の重い子の学習指導』（ミネルヴァ書房，1977 年）は，そんな実践成果をまとめたものである。

　知的発達の段階として，①知覚レベル，②表象レベル，③概念レベルという 3 つのレベルに分けて取り組んでいる。子どもの発達の原動力はやりたいという気持ちであり，能動性であるととらえ，各レベルに合った授業を創造して，より高次のレベルへと導くことになる。

　また，遊びの形態を，①感覚の遊び，②模倣遊び，③役割遊びと位置づけて，遊びを中心とした教育が展開された。「わらべ歌」を用いた学習，簡易

プールでのお湯を活用した遊び，ポニーに乗る実体験などユニークな取り組みも行っている。感覚を重要視する授業を行ったり，生活年齢が高くなるにしたがって，遊びから手の労働を経て労働へといった順序性を考慮したりしている。

喜田は，障害の重い子どもを対象としたカリキュラム構想面で新開拓をしている。1973年から精肢混合教育（知的障害児と肢体不自由児を一緒にした教育）がスタートし，日々の試行錯誤の中で，発達診断を行いながら，子どもの発達の実態をつかみ，そして今どのような働きかけをすべきといったアプローチを行った。加えて，学級別指導やグループ別指導，全体の合同学習という，集団の学習形態の異なる中で活動を組織した。

研究者との共同研究や「子どもの遊びと手の労働研究会」（民間教育研究団体の一つ）にも精力的に参加していた。障害児教育課程の自主編成が叫ばれるときであり，教育課程の中核に位置づけられた「遊びから手の労働を経て労働へ」の展望は，個人発達過程を遊びから労働へという筋道でとらえ，ライフステージを支援する必要があることを力説した。

(2) 河添邦俊の浜田ろう学校での実践——科学との接点

河添邦俊（1929～1995年）は，島根県浜田市で生まれる。柿木村立柿木中学校，島根県立浜田ろう学校，東北福祉大学，高知大学に在職した。著書に『この子らも人間だ』（共著，明治図書出版，1967年），『障害児教育と教育課程』（ミネルヴァ書房，1974年），『河添邦俊著作集　全8巻』（ささら書房，1989～1991年）など多数。

ここでは河添が1962年より在籍した浜田ろう学校の実践に注目してみる。河添は「重度のちえ遅れの子ども，重複障害の子どもでも，生きる権利，学ぶ権利，かしこくなる権利，健康になる権利，生産労働に参加するようになる権利」（河添・平野，1972，23）があり，権利としての障害児教育を根幹にしている。

障害児にも，健常児にも通じる「どの子もすばらしく生きる」ための教育課程の基礎構造として次のように提起している。①発達と教育の基本課題，②子どもの生活と結合した学校教育の計画の大切さ，③実践目標＝普通教育における一般的で実践的な教育目標，④学習とは，経験による人格・能力・健康など

第5章　教授学を支える教師論

の発達的変化の過程における，経験の科学的・創造的・実践的な組織と，主体的な取り組みの保障がなされている活動，⑤教育活動の普通教育における構造，⑥学ぶ楽しみと学習指導方法である。

①③については10項目の教育実践目標と教育活動の構造化への試みに結実している。領域の呼び方にこだわりつつ，教育課程を①「体育の学習」（からだ―体育，からだ―保健），②「生活の学習」（遊び，つくる，おこない，はなしあい，えがく，手の労働），③「教科の学習」（ことば，かず，リズム，絵・造形，科学―自然，科学―社会）から構造的にとらえている。

発達段階と科学のもっている体系との接点をとらえていくことが，教育課程の作成においても教育実践のうえでも非常に大切であると力説している。また，遊びそのものを目的とする学習の位置づけは大事であるとして，特にろう学校であったことからも，幼児期あるいは遅れ・不自由さをもっている子どもにとっては重要であり，積極的な意義があるものと考えられている。遊びから手の労働を経て労働へという人間の発達の道筋を中核としている。重複障害児の教育においても教科の学習はかなり大切であると考慮されているが，遊びはその基礎になり，遊びが分化して，子どもたちにいろいろな学習が広がっていくとされた。全面発達は，肉体的労働と精神的労働の統一であると考えられている。

「障害を持つ幼児・学童との一日の生活の仕方（18項目）」では，人間は一日24時間単位で，生活し，活動し，発達していくものである，学習活動の基盤も，一日の生活の仕方にあり，子どもは一日一日を通じて発達するし，障害を軽減し克服していく道筋も日々の生活の仕方の中にあるとしている。こうした考えの他にも寄宿舎教育，社会教育，共同教育の実践をダイナミックに進めている。

4. 学力の保障——生活と教育の結合

近藤益雄（1907～1964年）は，長崎県佐世保市で生まれる。山口村尋常高等小学校をはじめ小学校や高等女学校で生活綴方教育や児童詩教育に取り組む。この経験を知的障害児教育に生かしていく。1948年，校長として田平小学校

に勤務する。翌年，校長室を開放して遅滞児指導に取り組む。1950年，校長職を辞し，佐々町立口石小学校に障害児学級「みどり組」を開級する。1953年，知的障害児施設のぎく寮を創設し，家族ぐるみで24時間の生活教育を実践する。著書に『この子らも・かく』（牧書店，1953年），『おくれた子どもの生活指導』（明治図書出版，1955年），『近藤益雄著作集　全8巻』（明治図書出版，1975年）など多数。「のんき　こんき　げんき」をモットーとした。

　近藤が打ち立てた教育課程の構造は，生活指導と学習指導の2領域とし，生活指導は健康指導と性格指導から組み立てられ，学習指導は基礎学習と生産学習と教科学習から組み立てられている。ここでは，教科の重要性を力説していることを見落とせない。障害児にこそ，文化の豊かさと，文字獲得や数概念の理解などの学力をつけることによって，自由を獲得させる実践が推し進められた。

　近藤の教育課程構想は，戦前からの生活綴方教育の豊かな体験をもとに，戦後の障害児に即して考え出されたものである。当時の生活経験主義の特殊教育観が，愛される障害児，黙々と働く障害児像といった社会適応を前面に押し出した態度養成を掲げていたことに対して，それを凌駕する構想として評価できよう。通常の教育との共通性を考えつつ，独自性をあわせもつ提起であった。

　知的障害児教育のねらいを，健康を保つ，日常生活のよい習慣を養う，社会人としてのよい性格をつくる，職業生活の準備をする，知的生活の能力をつくるとしている。この5つのねらいに対応して考えられたのが図5－2－1の教育内容のピラミッド構造であり，学力観なのである。

　学力観は，その内実として，①生命維持，健康的活動のための体力，②身辺自立のための能力，③協力的，勤労的，誠実的な態度，④職業生活への心構え，技能，⑤社会生活における最低限度の基礎学力となっている。生活に帰するという点からとらえ，「生活を切り拓く力」「生活を考える力」「生活を見通す力」を形成するものであった。それは，子どもの生活実態や内面に即したものであった。生命の尊厳，生きる力の形成，より科学的な教育内容，方法をもった非常に先駆性のある教育であった。

　生活と教育の結合は，日々の授業が障害によって引き起こされる発達の制約や生活上の困難さを軽減し，いっそうの発達を保障していくことの必要性とし

第 5 章　教授学を支える教師論

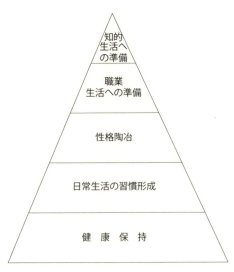

図 5－2－1　教育内容のピラミッド構造

て追求された。その実践の底辺には，子どもの生活現実を豊かにするという意味で，教育内容をとらえ直すという意図を持ち合わせていた。さらに，子どもの興味・関心や意欲に基づきながら生活に応用され，実際の生活問題解決力として定着を目指すという論理性をもっていた。

　知的障害児教育といえども，子どもが生活者として身につけつつある知識，技能，感情，経験と，教科での認識を結びつけるといった構想で実践されていた。生活をふまえないと，子どもは認知的な知識を獲得しにくいということから，生活を教科の土台として，一方で，読み書き，考える力は生活を高めるために欠かせないとして，生活と教科の関連性を提起している。

5．教科教育の実践と検証

(1) 遠山啓の原教科——教科の系統，配列

　遠山啓（1909～1979年）は，朝鮮の仁川（現・韓国仁川広域市）で生まれる。東京帝国大学を退学し，東北帝国大学理学部に再入学している。1944年から

東京工業大学に勤務し，1951年に数学教育協議会を結成して長く委員長として数学教育を指導した。数学者である遠山は，1958年には「水道方式」と呼ばれる計算方法を確立して，小・中・高校の算数教育，数学教育の指導的立場から数学教育の現代化に率先して尽力した。その後，1968年より八王子養護学校に共同研究者として参加するようになった。1967年にはタイルを用いた数の導入，1968年には演算への導入と液量の指導，1969年には図形指導について，知的障害教育で実践的研究に着手している。当時の知的障害教育は，教育内容の程度を下げ，進度を遅らせた「水増し教育」が当然とされ，生活単元学習や作業学習が隆盛を極めた時期に，知的障害児にも教科教育が可能であるとし，「原数学」というこれまでにまったくなかった新たな考えを生み出した。

　遠山と八王子養護学校の教員とで行われた実践は数学の論理性をもとにしたもので，画期的なものであった。そこでは，一つの授業を組むとき，その内容が理解できるには，その前に何がわかっていなくてはならないかということが問題とされた。実践を進める際に，教科を構成する内容の系統やその配列を明らかにする教科の論理を確立すること，教育を学習と教授という側面からとらえ，授業を教授と学習の統一した過程として検討していくことが目指された。

　この実践成果は『歩きはじめの算数』（国土社，1972年）として出版された。遠山は，算数教育の基礎には数量指導と空間・図形の指導があると考えている。数量指導の基盤には，数値化していない段階の量（大きい―小さい，長い―短いなど）があり，いまだ測られていない量なので，「未測量」が考えられた。一方，空間・図形の指導を系統的に積み上げていくためには，位置を正しくとらえることが必要であり，「位置の表象」が考えられた。「未測量」と「位置の表象」が正しくとらえられ，表されるためには，初歩的な段階での「分析・総合」の思考が必要になるという。この3つから，根源的なものに深く下降していくという方法で創造された新しい教科を「原数学」と呼んだのである。同書で，「差別の強化をめざす教育体制の最大の被害者はいうまでもなく障害児である」（p.13）と主張し，障害児教育に取り組んでいった。

　原教科の意義は，①知的障害があろうがなかろうが，人間として発達していくのには，知的発達が必要である，②原教科が既存の教科の基礎にある内容で構成されると，より初歩的な教科の基礎となる内容を見ることができる，③教

材・教具への開発と工夫がある，④わかる算数として，生きていくための真の学力をつける点にある。換言すれば，従来の教科という概念にとらわれず，教授―学習課程の組織化によって，どのような手立てを行えば教科の指導が可能になるかを提起したといえる。そのために，さまざまな発達段階，生活年齢に応じていくつかの教材・教具を準備して算数の授業を進めた点に特徴がある。

また同書では，授業の過程についてもふれており，実際の授業をふまえ→仮説の設定→指導案の検討→教材・教具の作成→実際の授業→授業の検証という流れを提示している。

(2) 大野英子・江口季好・坂爪セキの生活綴方教育――書く力の形成を通して

大野英子（1922年〜）は，埼玉県児玉郡に生まれる。1941年，渡瀬小学校教員になるものの，戦時教育になじまず，2年後教職を去り，群馬県で旋盤工となる。1951年に再び小学校教員となり，1972年から本庄市立藤田小学校の障害児学級の担任になり，1983年退職する。著書には『詩の生まれる日』（民衆社，1978年），『あしたてんきになーれ』（全国障害者問題研究会出版部，1985年）などがある。

障害児の児童詩教育の実践を創造した。知的障害児は，字を覚えるのが至難の業。しかし，字を覚えなければ思考を広げ，知力を深めることができずに，成長・発達が低いところにとどまることとなる。大野は，字を覚えさせるために，文体や思考の展開の理論的な枠組みをもたなければ書けない散文よりも，自由詩を書かせることで，障害児の素直な感性を生き生きと伸ばし，それにより障害児教育の活路を見出そうとした。授業では，①子どもとの生活の話し合いをまずは重視する，②生活の深い実感を掘り起こす，③子どもの願い・要求を大切にする，④児童詩を通して学級の集団づくりをするといった点を見出すことができる。自然とのふれあいを通して書きたいという意欲を引き出し，自然を見つめる心の美しさを育てる点，子どもたちが正しいもの，美しいものに感動したことを大切にし，その感受性をいっそう高め，子どもたちが自らの内面を深くとらえられるようにする点，子どもたちへの語りかけ，子どもたちのことばを聞く，子どもたちの言葉の光った部分を発見する点に特徴がある。

江口季好（1925〜2014年）は，佐賀県諸富町（現・佐賀市）に生まれる。1968

年，勤務する大田区立池上小学校に障害児学級が開設されるにあたり，その担任となる。日本作文の会の常任委員を務める。著書に『先生とゆびきり』（編，ぶどう社，1982年），『障害児学級の学習指導計画案集』（同成社，1987年），『特別支援学級の国語（ことば）の授業』（同成社，1991年）など多数。

江口は，系統的な指導としての知的障害児の国語教育を展開・創造した。授業では，①教室で子どもの心を解放することで，自主的・意欲的な発言や行動を喚起し，能動性を生み出す，②生活を事実に即してありのままに綴らせるために，言葉の教育を重視する，③具体的な生活体験の事実を通して行うことで子どもの認識内容を確実にする点を大切にしている。

学力形成と指導方法に同習を考え，学力を次の3つでとらえている。①各教科の中にある知識とそれを用いて生活する技能，②観察力や注意力，矛盾を発見する力，分析力や総合力，記憶力や想像力，③価値についての判断とそれを貫く正義感，勇気，連帯意識，愛情というようなものである。なかでも，③の必要性を説いていることは，詩は感動を伴った言葉であるという点に関わっているからである。

坂爪セキ（1930年〜）は，群馬県佐波郡に生まれる。1961年より転任した境町立采女小学校の障害児学級の担任となる。1973年に東小学校に移る。田村勝治らとの群馬障害児教育研究サークル・放談会がその実践を支える母胎となっている。この放談会には坂爪のほか，加藤昭子，松本美津枝などの女性教師が加わり，学級の子どもたちの生活のこと，作品のことなどを話し合っていた。このサークルで『障害児の教科指導』（明治図書出版，1974年）を刊行し，国語や算数のみならず，社会や理科，ないしは音楽や図工などまで含んで，その基本的な考え方と具体的な実践のありようを提起している。坂爪の他の著書に『障害児教育実践記録——かぎりない発達をもとめて』（共編，鳩の森書房，1971年），『生きる力をこの子らに』（あゆみ出版，1977年）などがある。

障害のある子どもの親に対する思いから，毎日の授業に力を注ぎ，子どもたちとわかり合える喜びの中で，遅々としていても確かな学力をつけるという考えが根底となっている。授業では，①より確かな授業を目指す，②みんなで学び合い，自らの力で誤りを訂正する，③誇りから自信から学習意欲へ，④からだを使うわかる授業を重要視している。子ども一人ひとりの考えを引き出し，

第5章　教授学を支える教師論

それをぶつけ合わせ，誤りを自ら発見し，自らの力で真実に迫れる子を育てるという教育観のもとで実践した。そして，認識力を培うために，生活，感覚，集団，労働，描画が考えられている。子どもたちの可能性を信じ，授業を通して，常に子どもに考えさせ発見させていく姿勢は，保護者，同僚の教員，群馬民間教育研究団体連絡協議会という地域や保護者との良好な関係を構築していった。障害児学級の子どもに読み書きの指導，教科の指導を試みているが，文字指導，数指導以前の問題として，仲間を集め，目，耳の感覚を磨くことを大切な学習内容として位置づけている。いい加減には教えられないのだという信念，深遠な教育観の土台の上に教科指導を展開したのである。

　群馬の教師たちは，子どもの生活や実感に結びつくように，子どもたちが反応し，考え，発見し，そこで新しい力が獲得されるように授業を組織すること，子どもたちが教科教材の特質に取り組み，その中で認識を成立させていく筋道を丁寧にたどることをポイントにしている。このような地域の連帯があったからこそ，「授業づくり」と「教材えらび」を執拗なまでに追究できたのだと考えられる。

6. 先人の教育遺産が投げかけているもの

　教育実践は，教育課程，教師（集団），子ども（集団），教材・教具，保護者，地域など，実に多様で複合した要因によって展開している営みである。それらの総体が授業づくりに結実するものである。授業の成立と展開のあり方を教授学的に追究することが肝要であるゆえに，先人からの学びを次のようにまとめておく。

　第一に，障害児教育の目的は，人間としての尊厳を大切に，未来を託すためである。障害児教育の仕事は，確かに教育における困難さが多々ある仕事であろう。しかし，こうした難しさを乗り越えようとした努力の軌跡を見ることができる。先人たちが，文化を，科学を，社会を伝承し，継承し，そしてさらに創造的に発展させてきたのである。実践を科学で検証し，科学を実践で検証しながら，人間がともに育ち合い，高め合っていくところに，発展をしていく道筋を垣間見ることができるのではなかろうか。障害児教育は普遍性と特殊性が

ある教育分野である。障害があろうとなかろうと，人間としての願い・ニーズが教育の出発点でなければならない。そして，障害に応じた合理的配慮が用意されなければならない。わが国の将来を背負っていくのは眼前のすべての子どもたちである。その発達を保障していくのは，社会，学校の教師の責務である。

　第二に，先人らは教育課程の領域を明示していることに気づかされる。教育課程は，目的達成のために必要な教育内容の選択，その教育内容の分類や組織化，修業年限における授業をはじめとする指導時間の配分を含めた教育計画と理解できよう。

　筆者は，領域について，①教科，②生活，③養護があると考える。この３つの領域は完全に独立しているものではなく，大小に重なり合う部分がある。その相互に重なる部分は，発達段階の低い子ほど大きく，生活年齢や発達段階が高くなると重なりが小さくなって分化してくるといえる。障害の重い子には教科が不必要と考えるのではなく，教科につながる準備として位置づけられるように見通しをもって内容・方法を検討することになる。生活では，遊びそのものが目的となったり，基本的生活習慣の中でさまざまな力を獲得することになったりする。養護では，障害やからだの健康に対する働きかけを行う。こうした３つの領域が相互に関係し合って，子どもたちの能力や人格が形成されていく。

　実践を進めるにあたっては，多様な集団を保障することが効果的であるといわれ，学校づくり，学級づくり，能力別集団づくりなどといった集団づくりに取り組むことが求められる。集団のもつ教育力を教授学の立場から大切にしたい。

　第三に，「生きる力」の概念を明確化していく必要性を学べるのではなかろうか。「生きる力」といっても，かなり曖昧さをもっていたり，包括的なものであったりする。よって，具体性に乏しいということにもなりかねない。先人の中には「学力」の保障を掲げている者もいる。筆者は，知的障害児にも「生きて働く学力」をつけていく必要があると考えさせられる。さらに，「生きる力」を「できる」だけではなく，「わかる」こととらえることで，「できる・できない」面のみを強調することは避けたいものである。

第5章　教授学を支える教師論

　第四に，新しい学力を獲得するために，どのような系統的指導によるプログラムを作成するのか，教材・教具を活用するのかの吟味である。子どもとともに文化の世界に参加することで，文化のもつ豊かさや面白さを見つけ，わかる体験をしていくことを重視したい。子どもたちの発達的必要に応じた教育内容をどのようにつくり出していくのかという再構成の視点に立つことが今後の障害児教育の発展につながることを教育遺産から知ることができよう。

[文献]

・青木嗣夫（1990）「与謝の海養護学校教育の基本的理念＝実践的課題について」．人間発達研究所編『人間発達研究所紀要』第4号．141-157.

・青木嗣夫（1997）『未来をひらく教育と福祉──地域に発達保障のネットワークを築く』文理閣.

・小川英彦（2006）「知的障害児教育の先駆者：近藤益雄」．中野善達編著『障害者教育・福祉の先駆者たち』．麗澤大学出版会．139-174.

・小川英彦（2015）「障害児教育史における生活綴方実践」．愛知教育大学幼児教育講座編『幼児教育研究』第18号．11-18.

・河添邦俊・平野日出男（1972）『どの子もすばらしく生きるために──障害児教育と学習権の確立』．明治図書出版.

・喜田正美（1977）『障害の重い子の学習指導──やる気と創意と見とおしと』．ミネルヴァ書房.

・清水寛（1981）『障害児教育とはなにか──教育の真実を求めて』．青木書店.

・遠山啓（1972）『歩きはじめの算数──ちえ遅れの子らの授業から』．国土社.

・平野日出男・河添邦俊・戸崎敬子（1984）『重複障害児の教育』．青木書店.

・森博俊（1993）「教科教育のあらたな発展を求めて」．森博俊・障害児の教科教育研究会編『障害児のわかる力と授業づくり──新しい教科教育への挑戦』．ひとなる書房．181-212.

・渡邉健治・湯浅恭正・清水貞夫（2012）『キーワードブック特別支援教育の授業づくり──授業創造の基礎知識』．クリエイツかもがわ.

（小川英彦）

第3節

学校教師の世代間をつなぐ対話

1. 教員にとっての学校生活の変化——昔の学校の風景から

　放課後，テストの採点をしていると，「丸つけなんてしてないで，出てこい」
と先輩教員に言われ，あわてて体育館へ行き，卓球やらバレーボールやらのス
ポーツを同僚の先生方と一緒に行う。その後，職員室でアルコールも入りなが
ら反省会。「今日こんなことがあってね」と学級での様子が交わされたり，「道
徳の指導はこうやるべきだ」「かけ算九九はこう教えるといい」などと教育談
議に花が咲く……50年近く前の学校の風景である。おそらく，今70歳台くら
いの元先生方は，大なり小なりこうした教員生活を経験しているのではないだ
ろうか。

　その当時は，いわゆる市区町村単位での教育研究会も非常に活気があり，国
語部，算数部と分かれている中で先輩教員が後輩に熱心に教える，ということ
も多かった。研究会で鍛えられ成長した，という思いをもつ元先生方も多い。

　現在は，こうした風景は過去のものとなってしまった。「学校における働き
方改革」[1] が叫ばれる一方で，減らない教員の業務，若手ばかりの学校も散見
される。先輩教員が若手に教える機会もなかなかないのが現実である。また先
輩教員自身も，若手に教える余裕がまったくなく，自分自身の仕事をこなすだ
けで精一杯であるということも多い。

　そうした現状をふまえながら，ここでは，教員の世代差をどう乗り越えて，
教員の力量形成をどのように進めるのか，ということについて検討してみた
い。

2. 教員の年齢分布

　2016（平成28）年の文部科学省の学校教員統計調査[2] によると，小中学校の

第5章　教授学を支える教師論

小学校教員の年齢構成

区分（年度）	2004 (平成16)	2007 (平成19)	2010 (平成22)	2013 (平成25)	2016 (平成28)
本務教員数（人）	388,664	389,819	390,844	384,956	380,011
合　　計	100.0	100.0	100.0	100.0	100.0
25歳未満	2.1	2.7	3.3	3.9	4.7
25～30歳未満	6.8	8.6	10.1	11.4	12.6
30～35歳未満	10.0	9.3	10.1	11.6	12.6
35～40歳未満	13.3	11.4	10.5	10.2	11.3
40～45歳未満	16.2	14.2	12.5	11.1	10.4
45～50歳未満	22.1	18.4	15.4	13.8	12.4
50～55歳未満	17.9	20.8	20.7	17.4	14.8
55～60歳未満	10.9	13.4	15.9	18.6	18.1
60歳以上	0.8	1.1	1.5	2.0	3.3
平均年齢（歳）					
計	44.1	44.4	44.3	44.0	43.4
男	44.8	45.2	45.2	45.0	44.4
女	43.7	43.9	43.8	43.4	42.8

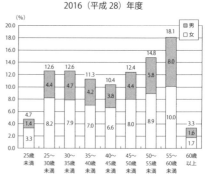

中学校教員の年齢構成

区分（年度）	2004 (平成16)	2007 (平成19)	2010 (平成22)	2013 (平成25)	2016 (平成28)
本務教員数（人）	234,017	231,528	232,970	233,986	232,513
合　　計	100.0	100.0	100.0	100.0	100.0
25歳未満	1.6	2.0	2.7	3.4	3.4
25～30歳未満	7.2	7.7	9.1	10.9	12.5
30～35歳未満	12.4	10.9	10.3	11.1	12.2
35～40歳未満	15.0	13.2	12.4	11.1	10.8
40～45歳未満	20.9	16.7	13.3	12.4	11.5
45～50歳未満	19.8	21.4	18.8	14.7	12.6
50～55歳未満	13.7	16.3	19.3	19.5	16.1
55～60歳未満	8.5	10.7	12.5	14.9	17.4
60歳以上	0.9	1.2	1.6	2.2	3.4
平均年齢（歳）					
計	42.9	43.8	44.0	43.9	43.8
男	43.8	44.8	45.0	44.9	44.6
女	41.6	42.3	42.5	42.5	42.6

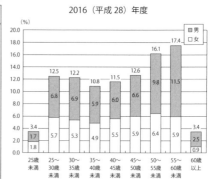

図5－3－1　教員の年齢構成
出典：平成28年学校教員統計調査（文部科学省，2016年）をもとに作成

　教員の平均年齢は前回調査（2013〈平成25〉年）より低下し，小学校43.4歳（0.6歳低下），中学校43.8歳（0.1歳低下）となっている（図5－3－1）。
　しかし，これはあくまで全国の平均であり，実際には教育現場では，児童・生徒数が増え，学級増になると新規採用教員が入り，翌年に今度は児童・生徒数が減り，教員数が過員になるとベテランの教員が異動せざるをえなくなる，といった悪循環を生んできた。結果，若手教員ばかりの学校，というのも珍し

第3節　学校教師の世代間をつなぐ対話

くない。こうした学校では，世代間をつないでいこうにも，いわゆる教員のベテラン層が存在せず，「ベテランから若手」というつなぎが生じない，というケースも少なからずある。

　このように，学校現場の年齢構成は，一様ではない。それぞれの学校現場によって置かれている状態が異なるということをまずは押さえておきたい。

3. 年齢とそれぞれの時代背景を考える

(1) 教員の年齢と時代背景との関連

　教員の年齢と，その世代が何年くらいに小学生時代を過ごしているのか（どの学習指導要領で学習してきたのか），高校を卒業したのは何年くらいか，ということを整理してみたのが表5-3-1である。

　現在60歳の教員が22歳で教員になったと仮定すると，1982（昭和57）年から38年間の教員生活を送っていることになる。つまり，現在の教員集団は1982～2019年の幅の中で教員生活を送っているといえる。

① 50歳台の教員

　1980年代の校内暴力，いじめの時代を教員として過ごしている。いわゆる「日の丸・君が代」問題で職員会議が紛糾していた時代の終わりを体験しているのがこの世代である。生活科の新設や総合的な学習の時間の導入時に教員として立ち会っている。養護学校義務化（1979〈昭和54〉年）以降，学校にも大小さまざまな問題が出てきたころに教員になっている。特殊教育の時代から特別支援教育（2007〈平成19〉年）への転換を現場で体験している世代でもある。

② 40歳台の教員

　学校5日制，ゆとり教育の時代に教員になった世代である。職員団体（組合）の組織率が低下し，この世代ではほとんど加入していない。主幹・主任制度といった，いわゆる教員の階層化ができあがってから教員になっている世代である。自らの子ども時代に校内暴力やいじめを体験している世代ともいえる。年齢的には人数の少ない世代である。

③ 30歳台の教員

　ゆとり教育の揺り戻しで授業時数が増加した後に教員になった世代。自らの

185

第5章　教授学を支える教師論

表5-3-1　教員の年齢と時代背景との関連

年齢	生まれ年	小6	高3	学習指導要領
25歳未満	1995（平成7）年～	2007年	2013年	
25歳～30歳未満	1990（平成2）年～	2002年	2008年	2002年実施
30歳～35歳未満	1985（昭和60）年～	1997年	2003年	
35歳～40歳未満	1980（昭和55）年～	1992年	1998年	1992年実施
40歳～45歳未満	1975（昭和50）年～	1987年	1993年	
45歳～50歳未満	1970（昭和45）年～	1982年	1988年	1980年実施
50歳～55歳未満	1965（昭和40）年～	1977年	1983年	
55歳～60歳未満	1960（昭和35）年～	1972年	1978年	1971年実施
60歳以上（65歳まで）	1954（昭和29）年～	1966年	1972年	1961年実施

学習指導要領について

☆ 1961（昭和36）年実施（1958〈昭和33〉年改訂）　道徳の時間の新設，基礎学力の充実，科学技術教育の向上，系統的な学習を重視。6年生総授業時数1085時間。

☆ 1971（昭和46）年実施（1968〈昭和43〉年改訂）　教育内容の一層の向上（「教育内容の現代化」）6年生総授業時数1085時間。

☆ 1980（昭和55）年実施（1977〈昭和52〉年改訂）　ゆとりある充実した学校生活の実現，学習負担の適正化，各教科等の目標・内容を中核的事項にしぼる。6年生総授業時数1015時間（70時間減）。

☆ 1992（平成4）年実施（1989〈平成元〉年改訂）　社会の変化に自ら対応できる心豊かな人間の育成，生活科の新設。6年生総授業時数1015時間。

☆ 2002（平成14）年実施（1998〈平成10〉年改訂）　「生きる力」の育成，いわゆる「ゆとり教育」，学校5日制，総合的な学習の時間新設，6年生総授業時数945時間（70時間減）。

☆ 2011（平成23）年実施（2008〈平成20〉年改訂）小学校外国語活動の導入，授業時数の増，6年生総授業時数980時間（35時間増）。

子ども時代はバブルの時代と重なる。また，「ゆとり教育」を受けてきた，ということで「ゆとり世代」などと呼ばれる世代である。

　こうしたそれぞれの世代の時代背景を考えると，50歳台とそれより下の世代は，明らかにものごとの見方・考え方に違いがある，と見てよい。筆者は，子ども時代，教員時代に体験してきたことの違いが，そのまま世代の違いに反映されていると考えている。

（2）世代の壁はあるか

　前掲したように，20歳台～40歳台と50歳台とでは違いがある，それを壁といっていいかどうかはわからないが，特に50歳台後半の先生からは「近ごろの若い先生は何を考えているのかわからん」という発言を多く耳にする。

第3節　学校教師の世代間をつなぐ対話

　一方，20歳台と40歳台ではあまり世代の壁を感じることはない。同僚性，平等性が強く感じられる。若手教員も40歳台までの教員には気さくに声をかけたりしている。

　ただし，これには個人差があり，一人ひとりの性格などによっても変わることだということは認識しておく必要があるだろう。単純に「世代の壁がある・ない」といった見方はあまりしないほうがよいのかもしれない。

4．さまざまな教員のタイプ──教員の差をどう考えるか

(1) 教員の2つのタイプ

　では，世代差をいったんおいて，教員のタイプについて考えてみよう。かなり乱暴な分け方ではあるが，大別すると次の2つに分けられるのではないかと考える。

①「子どもが好き」で教員になったタイプ（Aタイプ）

・子どものためには労を惜しまない。

・熱心に子どもに関わる。

・思いだけが先行し技術が伴わないと学級崩壊したり病休になってしまう。

②職業としての安定志向で教員になったタイプ（Bタイプ）

・必要以上のことはしない。

・自分が負担になる仕事はできるだけ避けたい。

・教員をやっていくうえで必要だと感じると研修や研究で学んでいく。

　例示したのはかなり極端な見方かもしれない。しかし，その度合いは異なるにせよ，2つのタイプがあるということは明らかではないだろうか。

　実は筆者も①というよりは②のタイプである。しかし，「子どものことが大好きで先生になりました」などと公言するような①のタイプは，「子どもが好き」ということがある種の免罪符のようになってしまい，教員としての資質や能力には課題がある方がけっこう存在した。そういう先生も見てきた身としては，①だけではなく②の要素もバランスよくもち続けてほしいと思う。

　以上述べてきたように，「どういう世代でどういうタイプで」という側面で教員を見ていくと，その教員のスタンス（思い・方向性・熱意など）が見えてく

187

る。そうしたことを見極めたうえで関わっていくことが大事だと考えている。それがよりよい対話につながっていくのではないだろうか。

(2) いわゆるM（問題）教師について

　学校現場では，いわゆるM（問題）教師の問題に頭を悩ませることが多い。筆者自身も過去にそうした教員と一緒に仕事をしてきた。M（問題）教師といっても，定義づけが難しいが，筆者は次のようにとらえている。

　　・授業ができない。（授業を教えるだけの知識がない。授業の進め方がわからない）
　　・子どもと関われない。（「私は人相手の仕事はストレスがたまってダメなんです」
　　　と言ったM教師がいた。ティーム・ティーチングなのに教室の壁際にいて一切子
　　　どもと関わりをもとうとしなかったM教師もいた）
　　・感性，協調性，想像力が不足している。（保護者や同僚とうまく関われない）

　人としては対等・平等，相手の人格を否定するつもりはないが，当然人には向き不向きがあるので，教員に向かない人は早々に現場からお引き取りいただきたい，というのが現場の偽らざる思いである。しかし，現実にはなかなか難しい。当の本人に「できていない」という自覚がない場合も多い。小学校では，「学級担任はさせられない」という場合，専科（算数少人数や家庭科等）を担当させたり，特別支援の担当に回したりということも往々にしてある。

　教員採用の時点から，根本的な対策をとらないとこの問題は解決できないのではないかと思う。

(3) 女性教員のライフサイクルについて

　女性教員は，教員のライフサイクルの中で出産を経験することが多い。教員は産休・育休の制度が他の職種に比べて恵まれているといわれがちだが，とはいえ，その間に現場を離れるというハンディは少なからずある（もちろん，このことは出産・育児を否定しているわけではない。出産・育児の経験がまた教員としての資質向上につながることも多いからである）。また子育て期間中の仕事と育児の両立はなかなか難しく，途中で退職してしまうケースもある。教育現場は，こうした女性教員の抱える問題をもっと具体的に支援していく仕組みをつくる必要がある。加えて，この問題は，男性教員の育児休暇取得率が高まると，同様

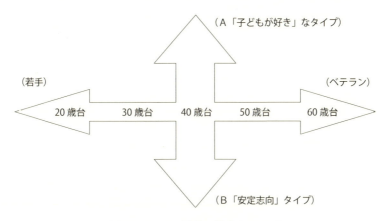

図5-3-2　教員の世代とタイプ

の課題が男性教員にも生じると考えられる。

(4) 世代差とタイプの問題

　世代（年齢）を横軸に，タイプの違いを縦軸にとると，どの先生もこのどこかに位置するのではないか，と考える。

　現場ではAタイプだけでもBタイプだけでもうまく回っていかない，ある程度のバランスで両方のタイプがいたほうが，現場としてスムーズに進む，という実感をもっている。年齢は幅広く，いろいろな世代がいることが理想であろう。

5．共同・協働する教職員集団をどうつくっていくか

　佐藤は「教師は一人では成長しない。専門家として学び成長する教師は，モデルとなる先輩から学び，同僚の仲間と学び合い，後輩の成長を支援することで学び合って成長している」と指摘する。そして，「教師の専門家としての成長の質は，その教師が帰属している専門家共同体の質に依存していると言ってよいだろう」と述べている（佐藤，2015, 120）。

　前述のようにさまざまな教員がいる。その中で佐藤の指摘する「専門家共同

第5章　教授学を支える教師論

体」をここでは自身の所属する学校ということに限定し，特別支援学校，特別
支援学級，通常学級のそれぞれの場でどのように教職員集団をつくっているの
かを考えてみたい。

(1) 特別支援学校の場合

　教員の人数が通常の学校に比べて多い。したがって M（問題）教師も少なか
らずいる。複数担任が基本なのでそういう人が異動してくる傾向もある。中学
や高校の理科や社会の免許しかもっていない等，特別支援教育の専門性をもた
ない教員も多く存在するが，専門性の高い教員も一定程度は存在するので，ク
ラスごと，あるいは学部ごとに研修や研究を進める中で若手を育て，教職員集
団の力量を向上させる取り組みをしていることは多いと思われる。また学校を
あげて特別支援教育の研究を進めることができることもメリットであろう。

(2) 特別支援学級の場合

　特別支援学校に比べると専門性の担保は著しく低い。また M（問題）教師の
受け入れ先になりやすい。専門性の高い教員がかなりのリーダーシップをとっ
て進めていく必要がある。ただし，そうした学級もないわけではない。

　もともと通常学級を希望している教員が配属されることも多く，継続して学
級でやっていこうと考える人の数は通常学級に比べるとどうしても少ない。ま
た児童・生徒数の増減が直接教員の人数に反映されてしまいがちなので，指導
者の入れ替わりが激しいところもある。

　併設校であるので通常学級との関係，管理職の特別支援学級に対する関心や
理解の度合いによっても差が生まれやすい。

(3) 通常学級の場合

　新規採用教員はまずはベテランの教員と組ませ指導を進める，ということが
一般的であるが，単学級であったり，ベテランがほとんどいなかったりという
ことで，うまく指導がなされない場合もある。なお，通常学級（通常学校）で
も，単学級（6学級）の学校と大規模学校（20学級以上）の学校では状況が異な
るし，特別支援学級や通級が設置されている併設校と，そうでない学校では，

やはり教員の問題意識等に違いが出る。どのような状況の学校に赴任するかによってかなりの差が出てしまうのが現実である。

　現在どこの教育現場でもいえるのは，事務的な仕事に忙殺され，なかなかベテランが若手を教える時間がとれない，ということである。

　この多忙感はどこからくるのか。妹尾は，教員勤務実態調査（2016年度）を分析して，以下の4点を指摘している。

　①週60時間という過労死ラインを超えて働く人の割合は，小学校，中学校は，他業種と比べて突出して高い。

　②定時前後で帰る人の割合が極端に低く，1％もいない。

　③労働時間が週80時間以上（過労死ラインの倍）の中学校教諭が15.8％で突出して高い。

　④過酷な労務環境に耐えられない人は転職したほうがよい。

　そして「学校は，よのなかの平均や他業界と比べても，はるかに真っ黒（ブラック）」であるとまとめている（妹尾, 2017, 26-27）。

　教職員集団の成長を進めるうえでも，この多忙感との闘い，働き方を変えていく必要があるだろうが，教育の内容を見直していくこと（量的なものの削減）や必要なマンパワーの投入を行政の側がしていかないと問題の解決には至らないのではないかと感じている。ある管理職は，「学校はやらなくてはいけない仕事は限られるが，やったほうがよい仕事は山のようにある」と指摘した。その「やったほうがよい仕事」をどんどん増やしてきてしまった感が，今の学校現場にはある。

　10年ほど前からOJT（On-the-Job Training）が流行のようになり，なんとか勤務時間内に研修をする努力もされてはいるが，もはや学校現場は危機的状況である。

(4)「チーム学校」のゆくえ

　2015年（平成27）に中央教育審議会が「チームとしての学校の在り方と今後の改善方策について」を答申した（中央教育審議会, 2015）。複雑化・多様化した課題の解決のために，「学校のマネジメントを強化し，組織として教育活動に

第5章　教授学を支える教師論

取り組む体制」をつくる，とうたわれ，心理や福祉等のスタッフと連携・分担することが示されている。

　人材育成についてもふれており，教職員の意欲を引き出すために，「人事評価の結果を任用・給与などの処遇や研修に適切に反映させ，教職員一人一人の成長を促していく取組を進めること」が強調されている（金子, 2018, 50-53）。一つの方向性としてこうした考え方もあるのであろうが，やはりこのことには危惧を覚える。

　民主的な教職員集団づくりに際して，「学校の運営は，子どもを中心にすえ，子どもの発達保障を軸にして，全教職員が対等平等の民主的な関係のもとで，任務を分担し，協力し合う状況をつくり出すこと」が望まれているという鴨井の指摘はこんな時代だからこそ，あらためて今押さえておきたいと思う（鴨井, 1991, 178）。

6. 教員をどのように育てているのか

(1) 新規採用教員の育て方

　新規採用教員（いわゆる「初任者」教員）の育成は，教育委員会主導で「初任者研修」「若手教員研修」といったものが実施されていることが多い。また市区町村単位の教育研究会に所属し，学んでいる（学びとなっているかどうかは，本人の主体性にもよるだろうが）。

　東京都では「3年間で若手教員を系統的に育成する」[3]との目的のもと，1年次（初任者）研修は「校内における研修を週6時間（年間180時間），校外における研修について半日を1回として10回以上，課題別研修について半日を1回として6回以上，宿泊研修（2泊3日）」と定めて研修を実施している。

　筆者は初任者のとき，特別支援学級（当時は特殊学級）の担任として赴任した。その年から「初任者研修」が制度化されていた。筆者の指導教官を特別支援学級の主任ではなく，通常学級の担任（当時，教頭試験に合格していた要員の先生だった）がやると発表され，職員会議が紛糾したことを思い出す。当時の校長は「特別支援学級の担任としてだけではなく，広く公立学校教員として研修をするためにそのようにした」と説明をしていた。結局，筆者は通常学級のそ

192

の先生と特別支援学級の主任の先生の2人の指導教官，という形で通常学級の研究授業も行った。今思うとそれは，あながち間違いでもなかったと思える。

また，特別支援学級を初めて受け持つ教員と組んだときには，民間の研究団体，組合の教育研究集会，行政のいわゆる「官製研修」に一緒に連れて行った。さまざまな考え方があるということを実感してもらいたかったからである。

新規採用教員が配置されたときには，積極的に研究授業を勧め，多い年には年間7回も研究授業をさせた，ということもあった。現場では相当非難もされたが，一緒に研究授業の取り組みをする中で，先生方は着実に力をつけていった。やはり場数は大切である。また，初任者同士で，積極的に他の特別支援学級での一日実習というものも行った。特別支援学校にも一日実習に行かせた。そうして育てた先生方が，今中堅として一人前に働いているのを見ると，正直なところとてもうれしく思う。

誰にとっても初任校というのは，格別の思いがあるところである。そうであるがゆえに，初任者への指導は，丁寧に，将来を見通して進めたいと強く思う。

(2) 中堅教員はどう育つか

東京都教育委員会では，「教諭等としての在職期間が10年に達した教員に対し，東京都教員人材育成基本方針を踏まえ，中堅教諭等としての職務を遂行する上で必要とされる学習指導，生活指導・進路指導等に対する指導力の向上，教育公務員としての資質向上等のため，教育公務員特例法第24条の規定に基づき」[4] 中堅教諭等資質向上研修を行っている。このことの是非はあえて問わないが，現場から見ると「受け身でやらされている研修」という感はどうしてもある。

専門性を求めて各種の研究団体で学ぶ者もいるが，「主体的に研修する者，しない者」がはっきりしてくる時期でもある。教育委員会サイドからすると，主体的に研修する先生にアプローチをし，6〜7年目くらいから研究生や研修生などを経験させ，中堅教諭としての研修を経た後，行政で指導主事，あるいは管理職の道を勧めていきたいという思惑もある。

またこの世代は，子育てと重なることが多く，「学びたくても学ぶ時間が取

第5章　教授学を支える教師論

れない」ことが現実としてある。この時期に，いいお手本，よき先輩教員，相談できるベテラン，指導してもらえる先生，というような人とめぐり合えているかが，成長という点では大きな要素だと感じている。

　筆者は，自分自身の経験からも，教員の力量形成のためには，学校から離れて，研究会で学び合うことが必要と考え，今でも仲間とともに月に1回，夜間に研究会を開いている。そこには可能な限り大学の研究者に来てもらい，実践のレポートについてコメントをもらうようにしている。中堅教員には，こうした場でレポートを発表し，自分の実践にいろいろと意見してもらうという経験が何よりも大事だと考えている。

(3)ベテラン教員たちは

　50歳台後半の教員たちは，日々押し寄せてくる今日的教育課題（ICT教育，情報教育，パソコンやタブレットを使った授業，ペーパーレス化等）への対応に四苦八苦している状況がある。うまく適応している者もいれば，退職を間近に控え，学ぶことをあきらめてしまっている者もいる。

　退職したのち，若手教員の育成を担当する人もいるが，自分の思いが強すぎたり，指導する若手との温度差があったりするとうまくいかないことも少なからずある。他方，退職してしまうと現場との関わりを一切もとうとしない人もいる。

　実は現場における教員の育成という面では，「自分のやり方に固執するベテラン教員」という人ほど指導が入りづらく，また指導しにくい。この時期の成長としては，その人が「柔軟性をもっているかどうか」が大きな鍵であると感じている。

7. それでも希望をなくさずにいこう

　「教員の世代差をどう乗り越えて，教員の成長をどう保障していくのか」ということを明らかにすることを目的として，ここまで関連することがらを挙げ，検討をしてきた。

　あらためて思うのは，これだ，と決め手になるものは残念ながら見つからな

194

い，ということである。それぞれの職場の状況が違うからこそ，その現場でしかできないこともあるはずである。ある職場でうまくいったという事例が他の職場ではまったくうまくいかない，といったことも往々にしてある。

　今，学校現場はブラックな職場として話題になっており，教員養成課程の学生でも学校の先生になることに躊躇するような状況もある。いじめや体罰，わいせつ事件や交通事故，セクハラ，パワハラ，個人情報の紛失などの服務事故もよく取り上げられる。保護者や地域との関係がうまくいかなくて疲労し，休んでしまうというケースも珍しくはない。また，若手教員が新聞を読まない，本を読まない，といった問題もある。そのせいもあるかもしれないが，教員自身のコミュニケーション能力もずいぶん下がってきてしまっている，という実感をもつことが多い。それでも，前向きに希望を語っていきたい，そう思っている。

　先に指摘した夜間における研究会の活動も希望の一つである。研究会も8年を過ぎるころから徐々に参加者が増えてきた。若手教員にも「知りたい，学びたい」という思いがないわけではないのだ。また若手教員のセンス，身体を通した子どもたちとの関わりは，ベテラン教員にとっても学ぶところ大である。ベテラン教員と若手教員が授業についてきちんと対話していく中で，今後の希望が生まれていく，と感じている。

　筆者の敬愛する清水寛先生（埼玉大学名誉教授）がよく授業で紹介されていた，フランスの詩人ルイ・アラゴンの言葉「教えるとは希望を語ること，学ぶとは誠実を胸に刻むこと」を教職30年目の終わりにあらためて嚙みしめながら，微力ではあるが，後進の育成に全力を尽くしていきたいと思っている。

[注]

(1) 通知「学校における働き方改革に関する緊急対策の策定並びに学校における業務改善及び勤務時間管理等に係る取組の徹底について」（文部科学事務次官通知）（2018年〈平成30〉2月9日）より。

(2) 文部科学省「平成28年度学校教員統計調査（確定値）の公表について」（2018年〈平成30〉3月28日）より。

第5章　教授学を支える教師論

(3) 東京都教職員研修センター「平成 31 年度（2019 年度）東京都公立学校教員　年次研修　実施の手引」（2019 年〈平成 31〉3 月）より。

(4) 東京都教職員研修センター「平成 31 年度東京都公立学校中堅教諭等資質向上研修Ⅰテキスト」（2019 年〈平成 31〉3 月）より。

[文献]

・金子一彦編（2018）『答申・通知のポイントが 3 分でわかる！ マップ＆シートで速攻理解！ 最新の教育改革 2018-2019』. 教育開発研究所. 50-53.

・鴨井慶雄（1991）「教職員集団づくり・学校づくり」. 大久保哲夫・纐纈建史・三島敏男・茂木俊彦編『障害児教育実践ハンドブック』. 労働旬報社. 178.

・佐藤学（2015）『専門家として教師を育てる──教師教育改革のグランドデザイン』. 岩波書店. 120.

・妹尾昌俊（2017）『「先生が忙しすぎる」をあきらめない──半径 3 ｍからの本気の学校改善』. 教育開発研究所. 26-27.

・中央教育審議会（2015）「チームとしての学校の在り方と今後の改善方策について（答申）」（平成 27 年 12 月 21 日）

（高橋浩平）

第6章

「障害児の教授学」の危機と未来への展望

第6章 「障害児の教授学」の危機と未来への展望

1. 障害児の教授学研究の視点

　本章では障害児の教授学——つまり，障害児のための授業研究というアプローチについて以下の10点から考える。

1. 「障害児の教授学」は危機的状態に置かれている。

2. 「障害児の教授学」は，子どもに親切である教師によって初めて可能になる。（子どもに親切でなければ，教育ではない，安心を伝えることから始める）

3. いつもの生活が「障害児の教授学」の始点である。毎日の生活の中に喜びがなければ，新たな学びは始まらない。（生活から離れた教育は，教育ではない）

4. 授業研究の危機。「授業」を研究しなくなった。他者からの批判を回避し，干渉しない態度が大きく広がった。「授業」の研究はしないで，学会発表をする教師が「研究的」と思われるようになった。「授業」はこなしていくものになった。

5. 一コマの授業の価値は見失われた。子どもたちにとっての1時間（1単位時間）の授業の意味を考えることが授業研究である。教師にとって大事なことは，自分の一コマの，ありふれた毎日の授業において，古今東西で生み出された幾多の教育理論が実現している，ということである。なんとなく時間の過ぎゆくままに終わってはならない。

6. 教育課程が大人の都合で機能している。（大人の都合ファーストでよいのか，そもそも教育課程とは大人の都合のことか）どれくらいの教師たちが，障害児の（心の）声を聴こうとしているだろうか。大人たちは自分の身の保全を守ることで精一杯の状況であり，子どもたちを自分の仕事の対象者として見ている。医学的治療や福祉的措置の対象者として考えるのと同じように教育の対象者（クライエント）として考えているようにさえ見える。だからこそ教師の働きかけが上からのものとなり，指示や説明，命令や強制が散見されるのである。

7. 障害児の授業が認識活動と人格形成を調和させる方向にあるか。子どもの知的な認識活動の過程が子どもの人格形成の過程となっていなければな

198

らない。（知・情の一致）ことばや数を扱う勉強が，人間的資質の形成（たとえば，協力する，仲よくする，他人を助ける……）と結びつけられる方向になければならない。

8. 授業の「わかりやすさ」についての誤解がある。（少しだけ難しい課題が，教授学的意味においてわかりやすさである）

9. 授業での失敗，勇み足，早のみこみ，思い込み，躊躇，ズルさ，不器用さ，曖昧さ，あてずっぽう……これらはマイナスではなく，共同行為や集団思考のきっかけとなる。授業では，これらはプラスの動因となる。

2. 子どもの主体性と教師の主体性を問う

子どもを主体として認めるということは，理屈のうえだけのことではない。現実の授業においてこのことは，どのようなことを意味するのだろうか。

子どもを一人の人間として見なすということは，大人と接するように子どもと接するということである。「子ども扱いする」「子どもの言うことだから要を得ない」「子どもの世界観は幼稚であって不完全だから……」「子どもの言うことはあてにならない……」このような大人の側の態度はすでに出発点において授業の可能性を低めている。

子どもを管理する・支配する，子どもの言語や行動を修正しようとする教師には授業の過程は永遠に理解することができないだろう。子どもの思考を尊重し，大人の思考と交わらせること——それは，何よりも子どもの心の声を聴くことであり，子どもが打ち明けた秘密を守ること，子どもとの約束を果たすこと，子どもに対し親切であることである。これらのことがなければ，子どもの信頼を得ることは不可能である。

子どもとの対話——対等な対話の重要性を，多くの教育者たちが言及している。M・モンテッソーリ（Maria Montessori, 1870-1952），Ｖ・Ａ・スホムリンスキー（В. А. Сухомлинский, 1918-1970）を挙げるだけで十分だろう。

子どもの都合にどれだけ応えられるかが，教師に問われているのである。子どもたちに大人の都合を押しつけることが，現代の授業の危機の主因であるのだが，教師（大人）の仕事の中心は，実は子どもの都合（志向，置かれている状

況，人間関係）に深く関わることにあり，そのことに対応しながら子どもたちの人間形成に資することである。

子どもなりに事情を抱えているものである。

大人の都合――それは政治経済的状況に置かれているという現実である。

大人の都合で子どもの教育を考えない――この考え方の究極は，できるだけ教育分野の仕事を政治・経済・産業の仕組みから遠く離し，影響されないようにすることである。

教育とは，子どもを政治・経済・産業の現実に投げ入れることではない。（誤解を恐れずにいうならば）大人の都合によって支配されるカリキュラム・マネージメントは，子どもたちをいかにして政治や経済，産業の対象としていくか，ということにほかならない。いずれ「社会に出ていく」子どもを育てるとは，現在の政治・経済の状況に首尾よく組み入れていくことではない。学校や授業の空間は，できるだけ現在の政治・経済状況（条件）から離れたほうがよい。とりわけ障害児教育の場合，そのことは明確になる。

3. 為すことを尽くして，なお子どもの心の声を聴く

特別支援学校は数的に増え続け，教師の数も多い。これは学校が，「子どもの広場」というよりは「大人の職場」になっている状態である。人数の面で大人がたくさんいることは，一般に教育が手厚くなったこととして解釈されるだろう。はたして現実はどうであろうか。

わが国に養護学校が開設されて半世紀以上が過ぎた。創立40～50年を迎えようとする支援学校は数多く，都道府県においてそのような学校は中心的で多くの新設校の先例になっていると思われる。一校の約50年の教育課程の歴史を振り返ると質的発展のさまざまな階段があることが浮かび上がってくる。それは，目の前にいる子どもたちとどのような教育を創ろうとしてきたかの歴史である。そのような現場にいた内部からの視線で，現状を見てみるならば次のようにいえるだろう。

1. 子どもたちとの距離が遠くなっている。比較的大勢の教師がいるにもかかわらず，子どもとは一定の距離を置き，均一化された投げかけや働きか

けにとどまっている。

2. 一人の教師が受け持つ子どもが分担的に決められているにもかかわらず，一歩踏み込んだ指導がなされていない。いわば教室内の教育だけに教師の関わりを限定しているように見える。

3. 一定基準のものを，均一的に，対象である子どもたちに「与える」ことを学校教育と考える態度がうかがわれ，教師たちは「無難な」授業（実は，それは授業でない）を行い，「まあまあ」の方法で，自分の責任が明確にならないようにしている。

　また，教員養成・育成の視点に立てば，①教師が「何を」「どう」「いつ」教えたらよいのかわかっていない，②したがって自分が支援学校の教師として自信をもてていない，③ティーム・ティーチング方式の限界と大勢いる教員間の意思疎通の難しさ，④学習指導要領，学校スタンダード，あふれる研究出版物，教育ビジネス，マスコミ等での報道，⑤劇場型社会の価値観，⑥費用対効果，⑦成果主義・能率主義……など，教育現場を左右している背景が浮かび上がる。

　以上のような学校教育を取り巻く状況にあって教師たちは，子どもたちに当たり障りのない関わりしかしていない。あるいは，自分ではない他の誰かが決めた基準，マニュアル，スタンダード，他校の指導案，前年度（前任者）が行った授業，を安易に再現しようとしている。

　では，特別支援学校での教育とは何をすることなのであろうか。

　「生活単元学習」「作業」「あそび」というような活動の意義が過少評価されているのも現代的状況の表れである。教科教育の水増し的な展開をすることが特別支援学校の教育ではない。①子どもにとって信頼できる大人（教師）と出会えること，②個を徹底的に重視し，子どもの心の声を聴こうとする態度こそ支援学校教師の仕事である。これらがなければ，この子どもたちの人間形成は進まない。教師の腰が引けてしまっている状態では子どもたちの未来を創る仕事は進まない。

　ところで何かが不足している子どもたちなのであろうか。

　信頼できる大人がそばにいれば，子どもたちは自分を有能であると少しずつ感じ始めることができる。「何かが不足している子ども」と見るのではなく，チャンスを待っていて，自分の出番を探そうとしている子どもたちととらえる

ならば,「領域・教科を合わせた指導」は有効である。

特別支援学校ではじめに必要なのは,教科的な知識・技能・習熟ではない。まず,子どもたちの自信や自己有能感の回復である。学びたい,知りたい,という気持ちは,特別支援学校の子どもたちに湧き出ているのである。それは各教科と連続性のある学習内容においてばかりではない。また,欠けている機能,不足している習熟を,穴埋め的に補充・補てんする授業(実は,それは授業ではない)においてばかりではない。

潜在的に「自分も勉強してみたい」「もっと知りたい」「ぼくも,勉強を教えてもらいたい」と思っている特別支援学校の子どもたちにとって,たとえば「生活単元学習」は,ふさわしい授業となりうる。

もともと戦後の特別支援学級の実践スタイルであった生活単元学習は,生活すること自体が多くの子どもたちにとって切実な課題であった時代を背景に,多くの実践者たちによって,そのよさが受け継がれてきた。戦前の生活綴方教育や北方教育とのつながりも認められ,日本の誇るべき教育文化の一つである。その後,特殊学級や養護学校教育の中で熟成されてきた。それは知的障害の子どもたちの「存在」づくりであり,事実,彼らは育った。

しかし前述した現代的状況にあって,今,生活単元学習は危機的状況にある。教師たちには生活単元学習の経験のない者が増え,自ら授業を創れず,安易な個別的・教科的な指導に傾くようになった。一方,迎える子どもたちには数多くの発達障害がある子どもたちが含まれ,トレーニング・ペーパーは好むが,「みんなと仲よくする」「協力する」「思いやる」ことが苦手な子どもたちに教育現場は直面している。

このように,生活単元学習は避けられる傾向が顕著になってきたが,それはとりわけ知的障害の子どもたちにとって可能性を提供するものと考える。ただし,それは万能ではなく,教科書も教材セットもなく,常に教師側の意図と技術が求められる。「お決まり」の教材や活動で授業をこなしたい教師に敬遠されるのはそのような理由からである。今や生活単元学習は,現場でも,養成大学でも,研究者にとっても「食わず」嫌いの状態である。生活単元学習が伝説化・神話化している反面,根強い支持が続くのは一部の実践家たちの力である。そのような教師たちを支える考え方は次のようなものである。

・「学校は子どもの生活の一部」とする考え方
・「子どもの生活づくり」の歴史的経験
・「戦後コア・カリキュラム運動」の考え方
・1960～1970年代の授業研究運動の経験
・「仲間づくり，学級づくり，地域づくり」の発想

いわゆる発達障害の子どもたちを迎えた現代の特別支援学校において，一方でインクルーシブ教育を志向しながら，発達障害といわれる子どもたちにとっての生活単元学習の価値づけが課題といえる。

研究的・臨床的には，心理主義化，医療主義化し，個別的特性に原因を求めたり，診断・医療的な対応を優先的に考えたりすることに重点が置かれている。

4. 子どもの存在をつくる教師を問う

人間関係をつくることは，ストーリーを伝え合うことから始まる。子どもにとっては信頼できる大人（＝キーパーソン）が必要である。学校生活においてそれは教師であろう。特別支援学校のように自分の「担任」が多くいて，子どもを分担的に受け持っているような現代の状況では，子どもへの関わりが一律的になり，踏み込んだものにはなりにくい。平均化，均一化した教育や指導が求められているからである。子どもの側からすれば，誰に自分の心の声を聴いてもらえるかわからない。

子どもに話しかけ，言わんとすることに傾聴し，添え木となって同じことをする教師，このような教師こそが，その子どもの存在をつくっていく。社会から抜け落ちてしまったかのような子どもたち，しかしそれは障害それ自体のせいではない。人間の文化や社会生活から，何の手立てもなされないまま取り残されてしまう状況が継続した結果である。たとえ障害があっても，何らかの手立てや工夫を講じたり，大人の支援，他人との共同を行うことによって，文化を自分のものとし，社会生活に組み込まれていくようにさまざまなバイパス（回り道）を開通させること，それが特別支援学校の教師の仕事である。

どんな子どもも自分が生きてきた分だけ，語られるべき価値のあるストーリーをもっている。だが，自らは表出することができない。どうして伝えたら

第6章 「障害児の教授学」の危機と未来への展望

よいかわからないからである。周囲はたいてい，軽視，無視の態度をとる。無視も過保護も，どちらも子どもの可能性を狭めてしまい，自分からは何もしなくなるような状況に追い込んでしまう。

まず，子どもに向き合い，心の声を聴こうとすることである。次に子どものストーリー（これまでの生活や今の生活，本人の気持ち，本人の好み，本人の志向）に気がつくことである。さらに，そのストーリーを他の人々にも伝え，その子どもを社会，学校に巻き込んでいく，いくつもの回り道をつくろうとすることである。いったん，一人の大人と人間関係が成立するならば，それは他の大人や他の子どもたちとの人間関係へと広がる可能性を意味する。

子どもの存在をつくる教師は，その子どもと話したり，話を聴いたり，一緒に活動をしたり，ヒントやきっかけをつくってくれる教師のことであり，それは障害の有無とは関係がない。大人として子どもに向き合う教師である。一次的な，生物学的な障害のために制限されたり，無視・軽視されたりしている状態に気づき，社会に巻き込むための方策や人間的関係をつくる方途を考えることが特別支援学校の教師のするべきことである。以上のことを具体的に述べてみよう。

子どもの障害の状態そのものを訓練的に改善しようとする治療的な構図に陥るのではなく，子どもを取り巻いている状況，環境のほうを変えようとすることが大事である。すなわち，学習教材や教師の教え方，今までの関わり方を変えて別のように取り組んでみることであり，今まで継続的・慣習的にやってきた方法や教材を問い直し，吟味することが大事である。学校生活でその子どもが参加できる部分を広げ，教師自身の働きかけの質を子どもに合わせて少しずつ変えてみる，といったことが大切になってくる。子どもの障害を直すというよりも，いろいろな方策を立てて学校の生活（実にたくさんのチャンスがある！）にその子どもを誘い，巻き込んでいくことが必要である。無理やり参加させるのではなく，参加しやすい手立てを講じ，誘いながら先生が子どもと一緒にやってみることである。

「社会から取り残された状態」を脱し，新たに子どもの存在をつくること，それが教師の仕事である。障害のある子どもが自ら逸脱しようとした結果ではない。周囲の社会による処遇の反映として「社会から取り残された」状態が続

204

いていたのである。

　子どもの存在をつくる教師であるのか，ないのかは，その教師が，自分の都合ではなく，どれだけその子どもに固有の事情（生来的・生物学的事情と養育上・社会的事情）に添った教育ができるかどうかにかかっている。

5.「ことばを教える」を問う

　知的障害のある子どもたちに，教師は「ことば」や「数」を教えようと試みている。聞いて理解できることばや話すことができることばを増やすことは，コミュニケーションを発達させるために必須であろう。

　読み方，書き方，文字，発音……これら「ことば」の外面を教えることだけでは十分ではないし，経験から知られるように，このような方法では身につくことばは限られ，応用されにくい。何らかのプログラムとして用意されている語句を，その外面に着目して与えるだけでは，ことばを教えることにはならない。たとえば，ものの名前（名詞）で考えてみよう。「もも（桃）」を教えようとする。文字や読み方や，一般的な，辞書的説明の「桃」について教えることは当然である。ただし，それは「もも」の外面であって，一般的な定義であり，「意義」と呼ぶべきものである。実際には，ある子どもにとっては，好物のおいしい，食べたい桃を意味し，アレルギーのある子どもには「嫌いな，苦手な」果物の一つであり，また桃農家の子どもにとっては家の畑で育てられる出荷品，大量のはねだし品としての桃であり，またある子どもにとってはスーパーで売っているもの，別の子どもには食べにくいベトベトするもの，匂いが嫌い……というように，同じ「もも」ということばが子どもによって別のものとなっている。これは，それぞれの子どもにとっての「意味」である。辞書的な定義としての「意義」と各自にとってのその名称が生起させる「意味」は異なっている。

　教師が教室で「もも」を教材とするときに，より重要なのは，各個人にとってのそれぞれの「意味」のほうであり，その単語がその子どもの生活にとってどのような意味であるのか，が重要である。なぜならば，生活に結びついていることばは，社会との，つながりのきっかけになるからである。それぞれの生

205

活における桃の意味を共有することが概念の広がり，深まりにつながるからである。授業では，一人の子どもにとっての桃の「意味」を互いに交換し合うことになる。

　暗記や丸覚え，模写の繰り返しが「桃」の学習ではない。同じ「桃」ということばがそれぞれの人間にとって別々の意味をもち，別々の感情を引き起こすことを学ぶことが教育である。同様に，「数」も操作の方法や答えの暗記が学びではない。それぞれの生活にとって数がどのような「意味」をもたらしているのか，と結びつけて，数のありがたさ，面白さを学ぶべきなのである。

　以上で述べてきたことは，知的障害の子どもたちに，生活用語だけを教えるのがよい，といっているのではない。「桃（もも）」は，より抽象的な概念「果物（くだもの）」「果樹」「果汁」等と関連づけていくべきであるし，「あまい」「すっぱい」「しぶい」「やわらかい」「かたい」等の性質を表すことばとも結びつけていかなければならない。さらに「桃」は，科学的な概念である「クエン酸」「糖度」「アレルギー」等と結びつけられるべきである。

　ことばの学習は，そのことばが今，表しているその子ども個人にとっての「意味」から出発しなければならない。それぞれの子どもの生活におけるそれぞれの意味を授業として取り上げることから始めるのである。

　そしてさらに桃の授業は，桃についての人間の文化につながっていく。桃は，子どもたちを含む人間にとって，「丁寧に，優しく扱うこと」を教えている。あらゆる品物は，その扱い方，用い方，食べ方，育て方……を人間に要求しているのである。それは長い時間をかけて人間がつくり上げてきた文化である。したがって，ことばとしての桃を教えることは，発音や文字の練習ではなく，人間的に「桃」を扱うことを含んでいるのである。ここでも，桃を上手に扱うことは，子どもが実際の生活の中で経験を通して学んでいく。桃の食べ方（人間的な）は，実際に食べてみることでしか学べない。すなわち桃の学習は，いずれにしろ，子どもの生活と切り離すことはできないのである。

6. 基準（スタンダード化）・マニュアル化・スキル化・データベース化を問う

　近年，上の見出しのような概念が当然のごとく教育界にも入り込んできて

いる。特別支援教育の分野でもそうである。その意味で社会的な傾向であり，IT，AI化がその背景にある。むろん，それは人間の役に立つ，人間がしていることの負担を軽くしようとする意図から生起したものであろう。

　学校に目を向けてみよう。教師の負担を軽くするため，働き方が楽になるように，スタンダードやマニュアルが作られようとした。教えるべき項目が具体的に一つひとつ示され，その手順も示されている。これによって，どこの学校でも，どんな教師でも，一定の水準の教育を行うことができ，時間を省き，「効率的に」授業やその他の仕事を均一的に進めることができる。この時点ですでに，上述の動きは教師（大人）側のためのものであり，大人側の都合やニーズに応じたものである。

　しかし，現場においてこれはやや異なった働きをするようになった。すなわち，スタンダード，マニュアル……は，当初教師のためのものであったが，子どもにとっては学習すべき項目の一覧，とるべき行動のリスト，守らなければならない規則集……となってしまうことが明らかになった。「自分で考えて，工夫する」・「考えながら行動する」自由を制限する「きまり」「法則」に変質してしまったのである。

　教師がスタンダードに則って授業を展開する以上，それは「子どもの実態に合わせた教育」ではなく，スタンダードに示されていることに合わせた教師の指示・強制的な意味をもった，上からの指導となる。

　それだけにはとどまらなかった。さらに，スタンダードやマニュアルに合わせて「できる子ども」と「できない子ども」を区別化し，スタンダードやマニュアルに合わない子どもたちを結果的に顕在化させることに役立ってしまった。特別支援教育の対象とされている子どもたちを，さらに「できる子ども」と「できない子ども」に区分してしまうのである。加えて，「できない」こと，「スタンダードを達成できないこと」，「マニュアルどおりに学べないこと」の責任や原因を，子ども自身，あるいは養育者に求めてしまう傾向を生じさせている。はたしてこれは，障害児教育，特別支援教育が歴史的に目指してきたことであろうか。

　教師は自分の指導法の不十分さを問われることなく，「基準」に示されていることを教えた，と弁明することができるのである。あえて本章で，スタン

第6章 「障害児の教授学」の危機と未来への展望

ダード，マニュアルの危険性について取り上げるのはこのような理由からである。

これと同じような傾向は，教育内容や教材にも表れている。それは次のようなことである。

意味のあるまとまった活動（買い物をする，給食を用意する，みんなで出しものの練習をする等，日常，人間がしているほとんどの活動）を，一つひとつのスキルとして細切れにして教える，という考え方である。

このような人間的な行為は複雑な心理活動であり，要素に分解したり，個々のスキルに還元したりできるものではないはずである。人間の活動は多くの動物と違って，意図，目的，動機，といったものによって貫かれている点が特徴であり，その行為の一部を取り出し，スキルとして練習することは無意味ではないが，教師側にとって都合よく，やりやすい教育の一側面にすぎない。意図をもつ，目的を意識する，動機を自覚する，ことを大人は教えるべきである。教える側に都合のよい教育内容，教育方法，教材選択への傾向を振り返り，子どもが学びたがっていることは何であるのか常に考えることが必要であろう。

学校生活，授業の過程をスタンダード化しようとする動きは，子どもたちの日常生活をもう一度，考えてみる機会でもある。子どもの実体というのは，もちろん障害のある子どもも含めて，私たち大人が考えているよりも，外見的に示されるところにではなく内面の奥深くにあるといえる。つまり私たち教師が思っている子どもは，あくまでも大人から見た子ども像であり，したがって大人は，子どもに対し，子どもと思って接してはならず，一人の人間として敬意を払うべき対象なのである。

基準や規則，マニュアル，作法に従って行動することは，ルールに従うことである。そう求める文化は日本的・東洋的な文化にも見られる。たとえば，禅宗では弟子の養成においても「洗面」や「洗浄」「食事」について作法が重んじられている。支援学校において，食事，着脱，排泄の指導に多くの労力を奪われる教師にとって，日常生活の作法がルールとして示されていることは，自分の仕事の意義を見出す助けとなるだろう。多くの教師が，日常の行為を規則どおり，作法に則って行うことが清い心につながる，と考えている。身体的行為を長く訓練していけば，次第に心の動きと調和し，心身が一体となった人間

208

の域に達するという考え方である。日常のことは，それ自体が自己研鑽である
かもしれない。事実，洗面から睡眠に至る詳細な作法プログラムは，明治初期
の学校の「生徒心得」に反映している。

　学校は，「教科」を教えるところである，という考えが，ときに強く求められ
たり，ときに生活主義が重視されたりする繰り返しの中で，スタンダードづ
くり，基準づくりの真意を考えてみるべきであろう。毎日の日常の行為が未発
達で不器用であるから，それを形成するだけでなく，そのことが心の発達や，
感情・意志と身体的行為の調和に関与していることも忘れてはならない。ま
た，それが次の行動のきっかけになることも多いだろう。

　さらにそれがルール（規則）であるとするならば，破られることもあるし，
「ルールは破られるためにある」とするならば，いったん従うことができた
ルールであるとしても，それを超える力量，意志，を育てることを忘れてはな
らないだろう。ルールを子どもが自分のものとし，自覚しながらルールを利用
できるような力こそ育てなければならない。大人の用意したスタンダードを与
えるだけでは教育として十分ではない。

7. 障害児の教授学の将来を問う

　障害のある子どもをどのように考え，どのように教えたらよいか，これらの
問題はむろん，人類にとって「障害とは何か」を知ることを最終的な目的にし
ながら，結局は他の学問分野と同様，人間とは何かを探求していくことであろ
う。障害児教育という営みも，また障害児教育の研究も，それまでの人間学，
人文科学自体の貧困さ，人類共通の弱さを補う必要と後悔から始まっていて，
それを黙々と実践した人々によって，かろうじて継承されてきているのであ
る。

　とりわけ障害児の教授学は，移り変わるそれぞれの時代精神の影響を受けつ
つも，常に目の前にいる子どもと向き合うことを第一とし，大人の先入観とし
ての子ども像を極力避け，大人の思考が子どもの思考によって覆されることを
楽しみとしてきた。本章で繰り返し述べているように，子どもを「子ども」と
思ってはいけないし，障害のある子どもを「障害児」と思って教育してはなら

第6章　「障害児の教授学」の危機と未来への展望

ないのである。私たち教授学の教師は，実は，子どもをよく理解しているどころか，思い込みと思い違いに明け暮れ，自分の無知・無理解を忘れ，誤解と陶酔に終始している。誤解を含めて，子どもを理解しようとすることは教授学の一歩であるし，その大人の誤解に気づき，自らの浅はかさに打ちひしがれるのも教授学の一部であろう。そして，思い上がった，自分に陶酔した授業でさえ，子どもたちはそれを許してくれることも教師の救いとなっていることを忘れてはならない。

　子どもも教師も，それぞれの人生で自分の意志や思惑とは関係なく出会ったのである。子どもは教師を選べない状態に置かれている。できる限りのことをするべきだし，するしかない。それが感動や喜びにつながるのであればなおさらである。道に迷いながらも進み続ける教師でありたい。子どもたちは，教師が教育を開始する前から，当の教師がどんな人間か判断している。どんな性格で，どんな教え方をし，どんなことを評価しようとするか，子どもたちは，始まりにおいてすでに教師を見抜いている。

　障害児の教授学は陳腐なパターンの反復ではない。子どもとは何か，を探求する瞬間である。「障害のある子ども」とは何か，を教授学は問い続けなければならない。私たち教師の，子どもについての既知と未知をつなぐために。

　教育現場の仕事は，その場その場で考え判断していながら始まりと終わりをつくる技術，アドリブ的でありながら連続性やバランスを維持していく技術に支えられている。しかしそれには原理的な確認が必要である。一斉にそろわなくても美しいものとして創り上げる，それは偶然にできあがるのではなく，やはり原理的な価値観に支えられた教育の結果であろう。

　また，教授学の教師は，あふれる教材セットや名だたるメソッドやプログラムへのこだわりから脱して，子どものあるがままの姿を受け止め，自身もありのままで，もう一度始めてみること，自分の器を広く，大きくしておくことが重要なのであろう。初めて会った瞬間から子どもたちに受け入れられる存在になるべきである。

　学校で行うことはよいことである，という隠れたルールに従いながら，大人がやって見せることを子どもがやってみる，ことを教育は繰り返していくことであるのかもしれない。しかし一度，形ができたものは，それから脱しようと

するエネルギーをもつことができる。障害のある子どもたちが，一定の形をマスターしたならば，それは終着点ではなく，新たな出発点であることを「障害児の教授学」は私たちに教えてくれる。

[文献]

・ヴィゴツキー，エリ・エス（2002）『新訳版 子どもの想像力と創造』．広瀬信雄・福井研介訳．新読書社．
・障害児の教授学研究会編（2017）『エピソードから読み解く特別支援教育の実践——子ども理解と授業づくりのエッセンス』．福村出版．
・スホムリンスキー，ヴェ・ア（1971）『教育の仕事——まごころを子どもたちに捧げる』．笹尾道子訳．新読書社．
・スミス，デイヴィッド（1995）『知られざる声——障害者の歴史に光を灯した女性たち』．広瀬信雄・玉井邦夫ほか訳［西村章次監訳］．湘南出版社．
・中込香代子・依田真規子・新津弓彦（1998）『みつぼし通信〜若草小学校みつぼし学級の記録〜』．新読書社．
・成田孝・廣瀬信雄・湯浅恭正（2015）『教師と子どもの共同による学びの創造——特別支援教育の授業づくりと主体性』．大学教育出版．
・広瀬信雄（1997）『がんばってねせんせい——困っている先生を支援します』．田研出版．
・山口勝弘・古屋義博（2002）『子どもの発達支援——障害児教育のフィールドワーク』．啓明出版．

（廣瀬信雄）

おわりに

　2007年の特別支援教育制度開始から10年以上が過ぎ，特別支援学校・学級，通常学級を問わず障害のある子どもの指導を「授業」として考えようとする傾向が多く見られるようになった。「教授学」の立場から障害児教育の授業を考えてきた私たちにとって喜ぶべき傾向だといえよう。

　日本の教育実践史において，「教授学」を授業実践の原理として位置づけようとしてきたのは，「教授」という用語からイメージされる子どもたちへの一方向的な働きかけを構想したからではない。子どもたちを学びの主体として形成することを教師の生き甲斐とし，子どもの生活現実を見据えつつ，日々の生活指導を基盤にしながら授業づくりを学校教育実践の柱として積極的に位置づけようとする教師たちの新鮮な息吹に支えられて発展してきたのが「教授学」である。

　今日の障害児教育に「教授学」が基盤とする実践知はどう根づいているのだろうか。吉本均・柴田義松の両氏をはじめとして日本の授業研究をリードしてきた方々が拠り所としてきた「教授学」だが，今また新たに「教授学的関心の再評価」が提起されている（石井英真「授業研究を問い直す——教授学的関心の再評価」，日本教育方法学会編『教育方法43　授業研究と校内研修』図書文化，2014年）。それに倣っていえば，障害児教育の授業研究に教授学の知をいかにして再評価するのかが問われているのではないか。もちろん「教授学この良きもの」ではない。しかし，日本の教師たちの授業づくりを支えてきた大きな潮流である「教授学」の知に立ち帰って，今日の特別支援——障害児の授業づくり——のあり方を問い直すことが求められている。本書は，この思いを共有するメンバーによる共同探究の成果の一端を示したものである。

　私はこの共同研究をリードしてきた廣瀬信雄氏と1989年に仙台で開かれた日本教育大学協会の特殊教育部門の研究集会で出会い，それを契機に1994年には日本特殊教育学会第32回大会（明治学院大学）において「授業を考える（I）」とするワークショップを開催した。その企画において廣瀬氏が掲げたのが「障害を持っている子，もっていない子の授業論」「授業において教師がで

きること」「現場の実践と授業『研究』の関係論」「実際に授業で起きていること」「やさしいことばで語れる授業論」「楽しい授業」「授業研究法」「指導計画とその実際」という論点である。そして本書の第1章で示したように，2002年に『障害児の教授学入門』を全国に発信したのを契機として，美術教育を視点にして教授学への関心を常にもち続けてこられた成田孝氏らとともに2018年まで四半世紀にわたって授業づくりをめぐる学会での自主的企画を継続してきた。しかし，廣瀬氏が提起された学会での第1回の論点は，今日の特別支援教育の授業づくりの状況に対して問い直すべき重要な課題として私たちの前にあらためて示されているのではないだろうか。

　学会の場を含めて実践と研究の交流を深めるために私たちは2017年に「障害児の教授学研究会」を立ち上げ，これからの障害児教育の授業論を展望すべく本書を企画した。そこには2018年度末で山梨大学をご定年となられた廣瀬氏ゆかりの方々にも執筆をお願いした。ご承知のように廣瀬氏の理論的基盤にはヴィゴツキーの理論がある。最近，廣瀬氏は，その評伝を著されたが（『ヴィゴツキー評伝──その生涯と創造の軌跡』明石書店，2018年），そこには芸術論を含めたヴィゴツキーの深い哲学・心理学的知の探究過程が鮮明に示されている。障害児教育の授業の思想と技術を支える論理の探究がおろそかにされがちな今日において，「障害児の教授学」の新しい探究に乗り出すことの意義を示唆される。

　「障害児の教授学研究会」には中堅・若手の方々の参加も増えてきた。この研究会の中心を担って企画・運営を引き受けていただいている新井英靖・吉田茂孝氏のもとに，本書からまた新たな問いを設定し，これからの授業づくりの方向を展望したいものである。そのためにも，本書に対して授業づくりに関心を寄せておられる全国の多くの方々からの忌憚のないご批評をいただければ幸いである。

　本書の刊行には福村出版の宮下基幸社長に企画から刊行まで貴重なご助言とご支援をいただきました。厚くお礼申し上げます。

2019 年 8 月

編者を代表して　　湯 浅 恭 正

編著者一覧

[編集]
障害児の教授学研究会

[著者] ※50音順
新井英靖（茨城大学，編者） 第2章第2節・第4章第4節
今井理恵（日本福祉大学） 第4章第1節
小川英彦（愛知教育大学，編者） 第5章第2節
櫻井貴大（岡崎女子短期大学，編者） 第2章第3節
佐野友俊（山梨県立やまびこ支援学校） 第3章第1節（分担執筆）
高井和美（前香川県特別支援学校） 第3章第2節
高橋浩平（東京都杉並区立杉並第四小学校，編者） 第5章第3節
堤　英俊（都留文科大学，編者） 第2章第1節・第4章第2節
手塚知子（身延山大学） 第3章第1節（分担執筆）
廣内絵美（京都市立乾隆小学校） 第5章第1節
廣瀬信雄（山梨大学，編者） 第6章
湯浅恭正（中部大学，編者） 第1章
吉田茂孝（大阪教育大学，編者） 第4章第3節

※イラスト
井川琴音・塚本和奏（茨城大学教育学部学校教育教員養成課程） 第2章第2節・第4章第4節

アクティブ・ラーニング時代の実践をひらく
「障害児の教授学」

2019年10月1日　初版第1刷発行

編　集　Ⓒ障害児の教授学研究会

発行者　宮　下　基　幸

発行所　福村出版株式会社
〒113-0034　東京都文京区湯島 2-14-11
電　話　03 (5812) 9702
FAX　03 (5812) 9705
https://www.fukumura.co.jp

印　刷　株式会社文化カラー印刷
製　本　協栄製本株式会社

Printed in Japan　ISBN978-4-571-12138-8 C3037
落丁・乱丁本はお取替えいたします
定価はカバーに表示してあります

福村出版◆好評図書

障害児の教授学研究会 編集／新井英靖・小川英彦・
櫻井貴大・高橋浩平・廣瀬信雄・湯浅恭正・吉田茂孝 編著
エピソードから読み解く特別支援教育の実践
●子ども理解と授業づくりのエッセンス
◎2,300円　　　　ISBN978-4-571-12130-2　C3037

現役教師が体験をもとに書き下ろした21のエピソードと研究者の解説を通して学ぶ「授業づくり」の実践ガイド。

湯浅恭正・新井英靖 編著
インクルーシブ授業の国際比較研究
◎6,800円　　　　ISBN978-4-571-12132-6　C3037

日・英・独における比較研究を通して，21世紀に期待されるインクルーシブ授業（教育）のあり方を展望。

茨城大学教育学部・茨城大学教育学部附属幼稚園 編
楽しく遊んで、子どもを伸ばす
●子育て・保育の悩みに教育研究者が答えるQ&A
◎1,500円　　　　ISBN978-4-571-11039-9　C0037

数多ある子育て情報に翻弄される保護者の悩みに，教育学の専門家24人がその解決方法をわかりやすく回答。

小川英彦 編
ポケット判
保育士・幼稚園教諭のための障害児保育キーワード100
◎2,000円　　　　ISBN978-4-571-12131-9　C3037

法律・制度から日々の実践まで，障害児保育に必要な情報100項目を収録し，平易に解説したガイドブック。

小川英彦 編著
気になる子ども・発達障害幼児の保育を支える あそび55選
◎1,700円　　　　ISBN978-4-571-12124-1　C3037

気になる子どもの発達を促す原動力である実践的な支援「あそび」を豊富なイラストと共にわかりやすく紹介。

小川英彦 編著
気になる子どもと親への保育支援
●発達障害児に寄り添い心をかよわせて
◎2,300円　　　　ISBN978-4-571-12116-6　C1037

保育者たちによる実践報告と親からのQ&Aを多数掲載。発達障害児保育に悩む保育者と親のための1冊。

橋本創一・安永啓司・大伴 潔・小池敏英・伊藤友彦・小金井俊夫 編著
特別支援教育の新しいステージ
5つのI（アイ）で始まる知的障害児教育の実践・研究
●新学習指導要領から読む新たな授業つくり
◎1,800円　　　　ISBN978-4-571-12135-7　C3037

新学習指導要領のポイントをわかりやすく解説し，知的障害児のためのユニークな授業実践33例を紹介。

◎価格は本体価格です。